应用型本科经济管理类·财会系列教材

经济责任审计实务

主 编 任富强 肖鹏程 原如斌

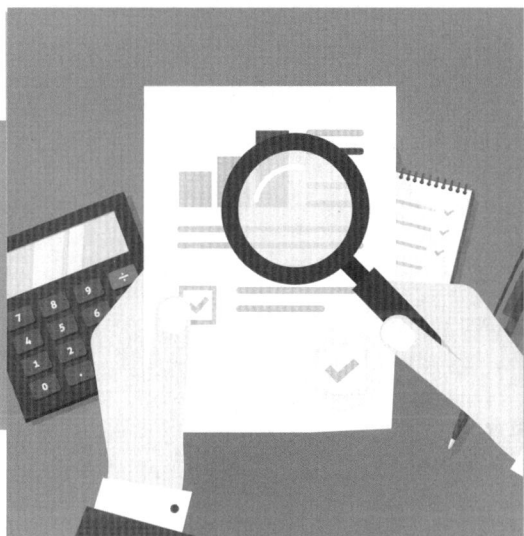

厦门大学出版社 国家一级出版社
XIAMEN UNIVERSITY PRESS 全国百佳图书出版单位

图书在版编目（CIP）数据

经济责任审计实务 / 任富强，肖鹏程，原如斌主编
. -- 厦门：厦门大学出版社，2024.1
应用型本科经济管理类·财会系列教材
ISBN 978-7-5615-9156-7

Ⅰ. ①经… Ⅱ. ①任… ②肖… ③原… Ⅲ. ①经济责任审计-高等学校-教材 Ⅳ. ①F239.47

中国国家版本馆CIP数据核字(2023)第207489号

责任编辑　李瑞晶
美术编辑　李嘉彬
技术编辑　朱　楷

出版发行　厦门大学出版社
社　　　址　厦门市软件园二期望海路39号
邮政编码　361008
总　　　机　0592-2181111　0592-2181406(传真)
营销中心　0592-2184458　0592-2181365
网　　　址　http://www.xmupress.com
邮　　　箱　xmup@xmupress.com
印　　　刷　厦门市明亮彩印有限公司

开本　787 mm×1 092 mm　1/16
印张　12.75
字数　303 千字
版次　2024 年 1 月第 1 版
印次　2024 年 1 月第 1 次印刷
定价　39.00 元

本书如有印装质量问题请直接寄承印厂调换

厦门大学出版社
微信二维码

厦门大学出版社
微博二维码

前　言

　　2018年5月23日,中国共产党中央审计委员会(以下简称中央审计委员会)第一次会议在北京召开。习近平总书记在会议中强调,改革审计管理体制、组建中央审计委员会,是加强党对审计工作领导的重大举措。要落实党中央对审计工作的部署要求,加强全国审计工作统筹,优化审计资源配置,做到应审尽审、凡审必严、严肃问责,努力构建集中统一、全面覆盖、权威高效的审计监督体系,更好发挥审计在党和国家监督体系中的重要作用。加强领导干部经济责任审计,提高经济责任审计质量,具有非常重要的现实意义。

　　新时代,新要求,新使命。为了培养和提升审计人员对领导干部经济责任审计工作的胜任能力,满足领导干部经济责任审计方面应用技能型人才需要,我们会同地方审计部门、审计事务所、高校审计教师等,联合编写了该教材。与已经出版的领导干部经济责任审计实务教材相比较,本书体现出以下五大特点。

　　1.突出审计实务和操作性

　　受政府审计机关委托,依据政府审计机关针对领导干部经济责任审计人才培养的直接需求,邀请资深的政府审计机关、会计师事务所领导、专家及高校教师,编写本书。资深的政府审计机关和会计师事务所领导和专家直接参与了本书大纲拟定及实务部分编写工作,因此,本书的"突出实务"特色既源于政府审计机关和会计师事务所的"订单式"需求,又来自资深的政府审计机关和会计师事务所领导和专家执笔的直接贡献。本书内容覆盖了当前领导干部经济责任审计主要实务,相关审计内容、方法和思路与实际工作高度吻合,其能够为高校相关专业学生和初入领导干部经济责任审计队伍的人员提供一线实务指导,助力相关实务工作学习和交流,大力提升领导干部经济责任审计人员实务水平和能力。

　　2.解决审计证据收集和评价的方法论问题

　　审计证据能够证明事实真相,其为领导干部经济责任审计提供前提和基础,收集和评价审计证据贯穿于领导干部经济责任审计全过程。本书为审计证据收集和评价提供了详细方法,能够有效帮助审计人员由浅及深、拨开云雾,透视审计内容的真相,准确把握审计内容的本质。因此,本书能较好地解决审计证据收集和评价的方法论问题。

3.审计依据清晰

依据审计依据,评价审计对象的经济责任履行状况。审计依据众多,在审计实务中选用适当的审计依据,成为领导干部经济责任审计成败的关键。本书分门别类、明晰地介绍和分析相关审计依据,为领导干部经济责任审计提供恰当的评价标准和尺度,方便审计人员作出最优的审计依据选择,有利于审计人员形成客观公正的审计结论,实现确认或解除领导干部经济责任的目标。并且本书能方便各类审计对象熟悉审计依据,自觉遵守审计依据,产生"知法守法"的效果。

4.审计规范明确

领导干部经济责任审计人员必须严格遵守审计技术规范、职业道德规范等审计规范,既保证审计质量,又须让审计对象信服审计过程和结论。本书完整地介绍和分析领导干部经济责任相关审计规范,逻辑性强,有助于审计人员规范性地开展审计工作,努力保证审计结论经得起监督和推敲,促使审计人员严格履行审计职责。

5.跟踪最新政策

本书结合我国领导干部经济责任审计领域的新内容和新变化,全面体现国务院发布的《关于加强审计工作的意见》(国发〔2014〕48号),中共中央办公厅、国务院办公厅印发的《关于完善审计制度若干重大问题的框架意见》《关于实行审计全覆盖的实施意见》,中共中央办公厅、国务院办公厅发布的《党政主要领导干部和国有企事业单位主要领导人员经济责任审计规定》,等等有关领导干部经济责任审计的政策规定,与时俱进地反映相关政策,使得相关内容具有较强的时效性。

本书既适用于我国审计学、会计学、财务管理学专业的教学,也可作为政府审计机关、会计师事务所、部门单位内部审计机构以及行政企事业单位审计知识培训用书。

本书是西藏审计厅与西藏民族大学联合培育审计人才相关项目的阶段性成果之一。在本书编写过程中,西藏审计厅和编写组专家提供了宝贵的指导意见。本书由任富强、肖鹏程和原如斌担任主编,负责拟定编写大纲、体例设计和定稿。各章分工为:任富强撰写前言和编写第一、二章,肖鹏程编写第三章,仇海红编写第四章,周俊玲编写第五章,原如斌编写第六章,肖鹏程、魏盛编写第七、八章,贡桑群培、德庆玉珍、唐强强、邢晓敏和滕伊杨编写第九、十和十三章,林笑东、颜亚慧编写第十一、十二章。任富强、乔鹏程和仇海红编写各章学习目标和思考题。陈爱东负责组织协调工作,作出了巨大贡献。

由于时间和编者水平有限,教材还存在一些不足之处,有待进一步完善,敬请读者谅解和批评指正。

编 者

2023 年 9 月

目 录

第三部分 领导干部经济责任审计报告、 审计决定及审计结果运用

第一部分

经济责任审计的基本知识

第一章　经济责任审计概述

学习目标 ···

1.掌握经济责任审计的概念、特征以及类型
2.了解经济责任审计的发展历程
3.认识经济责任审计工作的主体和对象
4.明确经济责任审计的职能与作用

第一节　经济责任审计的概念、特征及分类

一、经济责任审计的概念

(一)经济责任审计的要素

经济责任审计的目的是促进被审计人履行应尽的经济责任,解除、确认或追究其经济责任;审计对象指党政主要领导干部和国有企事业单位主要领导人员,而非泛指承担经济责任的个体和群体;审计内容指党政主要领导干部和国有企事业单位主要领导人员所履行的经济责任;审计依据是对被审计人经济责任界定的标准与依据。经济责任审计的程序和方法与其他审计相同或相似。

(二)经济责任审计的概念

根据 2014 年 7 月 27 日中纪委等部门发布实施的《党政主要领导干部和国有企业领导人员经济责任审计规定实施细则》,经济责任审计是指"审计机关依法依规对党政主要领导干部和国有企业领导人员经济责任履行情况进行监督、评价和鉴证的行为"。

依据 2019 年 7 月中共中央办公厅、国务院办公厅发布的《党政主要领导干部和国有企事业单位主要领导人员经济责任审计规定》，经济责任是指"领导干部在任职期间，对其管辖范围内贯彻执行党和国家经济方针政策、决策部署，推动经济和社会事业发展，管理公共资金、国有资产、国有资源，防控重大经济风险等有关经济活动应当履行的职责"。

二、经济责任审计的性质

(一)具有的积极作用

在我国，经济责任审计制度是评价领导干部任期内经济责任界定和政绩的一项基本制度，是加强监督党政领导干部，促进领导干部勤政廉政、全面履行职责，以及正确使用干部，促进干部队伍建设的一种有效监督机制。经济责任审计应当以促进领导干部推动本地区、本部门（系统）、本单位科学发展为目标，以领导干部任职期间本地区、本部门（系统）、本单位财政收支、财务收支以及有关经济活动的真实性、合法性和效益性为基础，重点检查领导干部守法、守纪、守规、尽责情况，加强对领导干部行使权力的制约和监督，推进党风廉政建设和反腐败工作，推进国家治理体系和治理能力现代化。

(二)与财务审计的联系

经济责任审计是在传统财务收支审计基础上发展起来的，是对财务收支审计的深化和提高。经济责任审计从"事"入手，通过对"人"履职责任界定，实现对"事"的监督，是审计技术属性和社会属性的集中体现。

(三)与经济效益审计的联系

经济责任审计与西方"3E"(economy，经济性；efficiency，效率性；efectiveness，效果性)审计(即经济效益审计)相比，还包括真实性和合规性的审计，是一种综合性更强的审计。

在实践中，经济责任审计目的框架如图 1-1 所示。

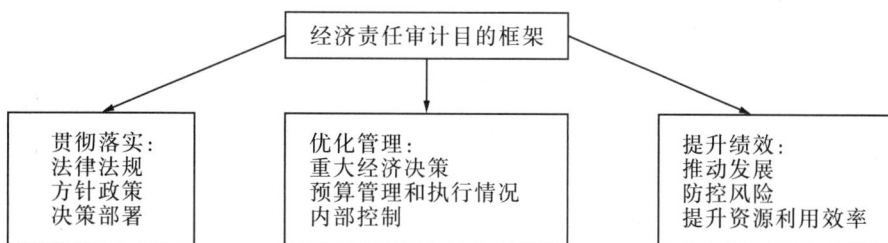

图 1-1　经济责任审计目的框架图

三、经济责任审计的特征

在追究领导人员行政责任的过程中,应先启动对领导干部个人责任的检查、考核与评价,只有掌握了领导干部任职期间的责任履行信息,才能公平公正地奖励和处罚领导干部,因此经济责任审计是行政问责的重要基础。经济责任审计作为行政问责中系统性、完整性信息的提供者,其具备以下特征。

(一)审计对象的人格化特征

以对党政主要领导干部进行经济责任审计为例,作为启动行政问责的重要基础,经济责任审计首先对政府的行政行为实施监督并予以责任界定,然后追究相关个人责任。经济责任审计作为一种法定的、常规执行的审计制度,它将"对人"和"对事"的检查评价有效结合在一起,从健全权力制约和监督机制的高度,对党政领导干部应负的责任开展问责问效,突出对领导干部个人履职责任行为的检查评价。界定领导干部任职期间个人经济责任履行情况,从制度上保证行政问责制的启动和实施,推动行政问责制步入常态化运行轨道。

(二)审计阶段的延伸性特征

作为一般审计的组成部分或一种单独的审计类型,经济责任审计主要是在一般审计基础上向领导干部个人经济责任审计的延伸。经济责任审计离不开对被审计领导干部所履职的经济组织经济责任的评价,其所履职的经济组织经济责任范围是被审计领导干部的经济责任范围。一般审计主要是针对经济组织的责任评价,经济责任审计在对经济组织整体责任评价的基础上,进一步向领导个人责任评价延伸,从已经查清的经济组织责任中,剥离出领导干部个人责任。

(三)审计范围的全面性特征

审计范围的全面性体现在两个方面:一是从横向截面上看,领导干部经济责任指其承担的全面职务责任,领导干部受托经济责任的审计范围覆盖其应承担的资源配置责任和业务经营管理责任;二是从纵向过程上看,从领导干部任职开始到任职结束,领导干部任职过程中各个阶段的全部职务责任都在经济责任审计检查评价的范围之内。

(四)审计流程的连贯性特征

在组织方式上,实行同步审计、跟踪审计与责任评价紧密配合的组织形式。同步审计有两种含义,即对责任履行密切相关的不同领导职务人员实施同步审计,以及审计过程与审计对象的任职履责过程同步。跟踪审计指跟踪审计对象的任职履责过程及其任职管辖区间,从领导干部所在单位内部到任职单位外部。

经济责任审计实行期初审计(任前审计)、任期审计、离任审计的"三审连贯"审计模式。

期初审计指在领导干部上任前开展的审计,其主要目的是科学确定领导干部的任期目标,推动组织部门加强领导干部的事前管理,控制领导干部的非理性执政,提供离任评价的科学依据,界定前任与后任责任,实现前后任无缝隙交接等。期初审计内容是领导干部任职计划或任职方案。

任期审计也称期中审计,是指在领导干部任职期间的审计,原则上应每年一次。其审计目的是对领导干部任职过程实行审计跟踪。其审计内容是阶段性任期目标的实现情况、内部控制制度设置的完善性、各项决策的风险控制、法规制度的执行、财务会计及经济管理信息的披露等。

离任审计指在领导干部离任时对其任期内全部任职责任的审计评价,其目的是评价领导干部任期内责任履行情况。其审计内容是:任期目标的实现结果和各项责任的履行结果,后者包括内部控制制度设置的完善性、各项决策的风险控制、法规制度的执行、财务会计及经济管理信息的披露等。

(五)以绩效评价为核心的特征

经济责任审计的首要环节是紧紧围绕着被审计经济组织受托经济责任,建立以真实性、合法性的验证和确认为基础,以绩效评价为核心的经济责任审计评价模式。以绩效评价为核心的经济责任审计评价模式,指构建被审计单位受托经济责任的评价指标体系,形成评价标准与评价指标的对比模式。当某项评价指标达到或超过相应的评价标准,该指标所反映的经济责任实现了绩效目标;反之,当某项评价指标没有达到相应的评价标准,该指标所反映的经济责任没有实现绩效目标。

四、经济责任审计的主要类型

经济责任审计应当有计划地进行,根据干部管理监督需要和审计资源等实际情况,对审计对象实行分类管理,科学制订经济责任审计中长期规划和年度审计项目计划,推进领导干部履行经济责任情况审计全覆盖。经济责任审计包括任前经济责任审计、任期经济责任审计和离任经济责任审计。

(一)按照审计工作开始时被审计领导人员的任职情况分类

按照审计工作开始时被审计领导人员的任职情况,可将经济责任审计分为任前经济责任审计、任期经济责任审计和离任经济责任审计。

1.任前经济责任审计。也称期初审计,指领导人员,对拟上任部门或单位的财政收支或财务收支、资产、负债、净资产等,以及拟定的任期经济责任目标进行的审计。其主要审计目标有两个:一是确定该任领导人员上任前部门、单位的资产、负债、净资产、技术水平、市场占有率等方面的真实情况。既明确划清经济责任,又为建立任期内经济责任目标,进而制定任职计划或任职方案,提供可靠依据。二是验证拟定的领导人员任职计划或任职方案(含经济责任目标)的完备性、科学性和可靠性。

2.任期经济责任审计。也称期中审计,指在领导人员任职期间内,对其所在部门或单位财政收支或财务收支的真实性、合法性和收益性以及经济责任的履行情况和经济责任目标的完成情况进行审查、鉴证和评价,以促进领导人员更好地履行经济责任,完成经济责任目标的审计。其包括实行年薪制及股权激励机制的组织对现任期内奖励前的审计、任期届满连任时的审计、强制休假期间的经济责任审计,以及任职时间较长、上级部门根据规定和需要安排的审计。在任期内经济责任审计中,以领导人员任期经济责任目标为基础,以其主要经济责任的履行和主要经济责任目标的完成情况为审查和评价重点。在必要时,也可以领导人员在任期内存在的主要问题为重点。任期内经济责任审计可帮助领导人员找到其存在的不足,提出整改建议和措施,促进领导人员更好地履行经济责任,完成经济责任目标。

3.离任经济责任审计。简称离任审计,指在领导人员任期已满,或在任期内办理调任、免职、辞职、退休、轮岗等事项前,对该领导人员在整个任职期间内所在部门或单位财政收支或财务收支的真实性、合法性和效益性,以及经济责任的履行情况和经济责任目标的完成情况进行全面审查,以评价和鉴证其工作业绩的审计。在离任经济责任审计中,主要审计目标有两个:一是对领导人员在任期内经济责任的履行情况、经济责任目标的完成情况和工作业绩进行全面审查和鉴证,作出全面、客观、公正的审计评价结论;二是全面审查该任领导人员在离任时相应部门或单位资产负债等的真实状况,评估资产效益,既明确划分该任领导人员和后任领导人员的经济责任,又为确定后任领导人员的任期经济责任目标奠定可靠基础。

就当前经济责任审计实践来看,经济责任审计可以在领导干部任职期间进行,也可以在领导干部离任后进行,以任职期间审计为主。

(二)按照审计主体分类

按照审计主体,可将经济责任审计分为政府经济责任审计、民间经济责任审计和内部经济责任审计。政府经济责任审计是指由政府审计机关和审计人员执行的经济责任审计;民间经济责任审计是指由会计师事务所和注册会计师执行的经济责任审计;内部经济责任审计则是指由部门、单位内部审计机构和审计人员对本部门、本单位内部组织机构领导人员执行的经济责任审计。

第二节 我国经济责任审计的发展历程及展望

经济责任审计作为审查经济责任履行情况的监督检查活动,由来已久。在本节中,我们对我国经济责任审计的历史渊源进行简短的回顾。

一、经济责任审计在新中国的发展与繁荣

(一)经济责任审计的萌芽

从中华人民共和国成立直至1982年,国家实行财政与审计相统一的制度,不设独立的政府审计机构。1982年12月通过的《中华人民共和国宪法》规定,我国在国务院和县级以上的地方各级人民政府设立审计机关,对国务院各部门和地方各级政府的财政收支、国家财政金融机构和企事业组织的财务收支进行审计监督,恢复审计制度。尽管当时审计具有经济责任审计的性质,但未称为经济责任审计,而是称为财政收支审计、财务收支审计或经费收支审计等。

真正被命名为"经济责任审计"的审计实践开始于1985年,当时一般称为"厂长(经理)离任经济责任审计"。1984年我国国有企业陆续实行了厂长负责制、承包经营责任制和租赁经营责任制,审计机关在开展财务收支审计时,发现有些企业领导人员钻改革开放的空子,以权谋私,为小集团和个人捞取好处;有些人以搞活为名,滥用权力,掩盖问题,谎报成绩,骗取荣誉和政治资本;有些人有强烈的短期化经营倾向,拼设备、拼消耗,搞分光、吃光、亏光,使企业成了空壳;等等。由于这些问题被掩盖,一些厂长(经理)弄虚作假、违法乱纪,反倒成了先进典型和劳动模范,得到各种奖励,

其中许多人还被提拔重用。相反,注重企业发展后劲、实事求是、守法经营的厂长(经理),却不被认可和赏识。针对这一新的经济情况,1985 年 4 月,黑龙江省齐齐哈尔市审计局率先开展了厂长(经理)离任经济责任审计,这一经济责任审计实践引起了各地审计机关的关注,该审计被认为是服务经济体制改革、发挥审计监督职能作用的新形式和新领域,得到充分肯定并被积极推行。1986 年 9 月,中共中央、国务院在颁布的《全民所有制工业企业厂长工作条例》中明确规定,厂长离任前,企业主管机关(或会同干部管理机关)可以提请审计机关对厂长进行经济责任审计评议。同年 12 月,审计署发布了《关于开展厂长离任经济责任审计工作几个问题的通知》,对贯彻执行《全民所有制工业企业厂长工作条例》中关于厂长离任经济责任审计的内容作了具体规定。自此,离任经济责任审计在全国逐渐推广开来,成为审计机关的一项审计任务。

据统计,1985 年 4 月至 1987 年 12 月,黑龙江省齐齐哈尔市审计局对 281 名厂长(经理)进行了经济责任审计,审计后得到提拔重用的厂长(经理)有 35 人,被重奖的有 34 人,平调的有 49 人,免职的有 49 人,降职、撤职的有 9 人,移交司法机关处理的有 5 人。1988 年,全国共对 25 319 名厂长(经理)进行了经济责任审计(含内部审计机构审计的 16 660 名),在审计机关审计的 8 659 名厂长(经理)中,无经济责任问题的 6 571 人,有一般经济责任问题的 1 922 人,有严重经济责任问题的 166 人,如图 1-2 所示。根据审计结果,政府和有关部门所作的处理是:189 人被提拔,496 人被免职,75 人被降职或受到其他处分。

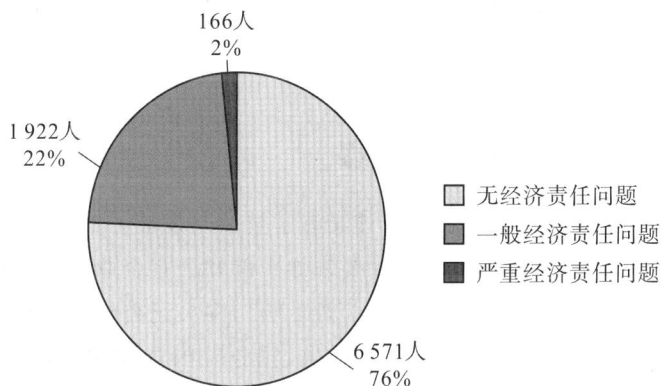

图 1-2　1988 年审计机关审计 8 659 名厂长(经理)的审计结论结构

在 20 世纪 80 年代后期和 90 年代初期,随着承包经营责任制和租赁经营责任制的广泛推行,经济责任审计在全国各地广泛地开展起来,并形成了一种审计制度。全国各地区结合本地实际情况制定了相应的规章制度,如河南省人民政府制定了《河南省全民所有制企业厂长(经理)任期经济责任审计暂行办法》、山东省人民政府制定了《山东省全民所有制企业厂长(经理)任期经济责任审计暂行办法》、安徽省审计厅和安徽省组织部及省编委办公室联合发布了《安徽省事业单位法定代表人离任审计暂行办法》等。这一阶段经济责任审计的一个重要特点是:主要开展企业领导人员经济责任审计,少数地区开展了事业单位领导干部经济责任审计。

(二)经济责任审计的发展完善

经济责任审计在 20 世纪 90 年代中期得到了全面发展和创新。20 世纪 90 年代中期,随着我国社会主义市场经济体制的初步建立和发展,以及反腐败斗争的需要,党的十五届四中全会明确提出,建立企业经营业绩考核制度和决策失误追究制度,实行企业领导人员任期经济责任审计。十五届中央纪委第三、四次全会进一步提出,积极推行任期经济责任审计制度,加大从源头上预防和治理腐败工作的力度,加强领导干部管理和监督。在党中央、国务院的领导下,经济责任审计工作进入了一个新阶段。这一阶段经济责任审计的主要特点有:审计对象从企业、事业单位经济责任审计扩展到了行政机关和县级及以下地方行政首长的经济责任审计;从中央到地方,各级党委、政府及有关部门普遍重视并积极支持领导人员经济责任审计;形成了组织人事部门的组织监督、纪检监察机关的纪检监督、国家审计机关的审计监督三者有机结合的新的干部监督管理机制;许多地方的国家审计机关设置了专门的经济责任审计机构,专项从事领导人员的经济责任审计。

经济责任审计再次创新的背景是:过去靠民主测评、调查走访、座谈等办法考核、选拔领导干部的做法,难以客观、公正地评价领导干部的真实业绩,需要发挥审计监督的职能作用。通过实行领导人员经济责任审计,给出对领导人员任期经济责任履行情况和工作业绩的客观、公正、全面的评价,为组织人事部门考核、选拔领导干部提供重要参考依据。

(三)经济责任审计的繁荣与昌盛

党的十八大召开前后,经济责任审计又有了繁荣与发展。2010 年 10 月,中共中央办公厅、国务院办公厅印发了《党政主要领导干部和国有企业领导人员经济责任审计规定》(中办发〔2010〕32 号)。2014 年 7 月 27 日,中央纪委机关、中央组织部、中央编办、监察部、人力资源和社会保障部、审计署、国务院国资委联合印发《党政主要领导干部和国有企业领导人员经济责任审计规定实施细则》,经济责任审计工作法律层面有了多部委协作的新局面。

2018 年 3 月,中共中央印发了《深化党和国家机构改革方案》。为加强党中央对审计工作的领导,构建集中统一、全面覆盖、权威高效的审计监督体系,更好发挥审计的监督作用,组建中央审计委员会,作为党中央决策议事协调机构。改革审计管理体制,组建中央审计委员会,是加强党对审计工作领导的重大举措,此举势必对经济责任审计的推动产生重大影响。

2019 年 7 月，中共中央办公厅、国务院办公厅印发了《党政主要领导干部和国有企事业单位主要领导人员经济责任审计规定》（以下简称《规定》），并发出通知，要求各地区各部门自 2019 年 7 月 7 日起施行认真遵照执行，《规定》再次将经济责任审计推向新的发展阶段。新中国成立后主要的经济责任审计规制见表 1-1。

表 1-1　新中国成立后主要的经济责任审计规制

序号	发布时间	法规/政策名称	发布单位	重点内容
1	1986 年 9 月	《全民所有制工业企业厂长工作条例》	中共中央、国务院	厂长离任前，企业主管机关或会同干部管理机关可以提请审计机关对厂长进行离任审计
2	1988 年 2 月	《全民所有制工业企业承包经营责任制暂行条例》	国务院	实行承包经营责任制，由国家审计机关及其委托的其他审计组织对合同双方及经营者进行审计
3	1999 年 5 月	《县级以下党政领导干部任期经济责任审计暂行规定》和《国有企业及国有控股企业领导人员任期经济责任审计暂行规定》	中共中央办公厅、国务院办公厅	正式实行党政领导干部、国有企业及国有控股企业领导人员任期经济责任审计制度
4	2000 年 12 月	《县级以下党政领导干部任期经济责任审计暂行规定实施细则》	中共中央办公厅、国务院办公厅	进一步规范党政领导干部任期经济责任审计工作，结合县级以下党政领导干部任期经济责任审计工作实际，制定实施细则
5	2000 年 12 月	《国有企业及国有控股企业领导人员任期经济责任审计暂行规定实施细则》	审计署	进一步规范国有企业及国有控股企业领导人员任期经济责任审计工作，结合企业领导人员任期经济责任审计工作实际，制定实施细则
6	2001 年 1 月	《关于进一步做好经济责任审计工作的意见》	中央纪委、中央组织部、监察部、人事部、审计署	明确提出要逐步开展县级以上党政领导干部任期经济责任审计，以及全面开展县级（含县级）以下党政领导干部任期经济责任审计
7	2003 年 7 月	《关于党政领导干部任期经济责任审计若干问题的指导意见》	中央纪委、中央组织部、监察部、人事部、审计署	充分认识经济责任审计的政治属性和政治功能，找准审计切入点和着力点
8	2004 年 9 月	《关于加强党的执政能力建设的决定》	中共中央	从政治高度和法律层面确立经济责任审计的地位和作用，将经济责任审计作为长期制度建设

续表

序号	发布时间	法规/政策名称	发布单位	重点内容
9	2006年2月	《中华人民共和国审计法》	第十届全国人民代表大会常务委员会	第一次明确经济责任审计的法律地位
10	2010年10月	《党政主要领导干部和国有企业领导人员经济责任审计规定》	中共中央办公厅、国务院办公厅	标志着经济责任审计在制度层面已走向成熟
11	2014年7月	《党政主要领导干部和国有企业领导人员经济责任审计规定实施细则》	中央纪委机关、中央组织部、中央编办、监察部、人社部、审计署、国资委	标志着经济责任审计时空和领域全覆盖
12	2017年6月	《领导干部自然资源资产离任审计规定(试行)》	中共中央办公厅、国务院办公厅	领导干部自然资源资产离任审计由试点阶段进入全面推开阶段
13	2018年3月	《深化党和国家机构改革方案》	中共中央	组建中央审计委员会,作为党中央决策议事协调机构
14	2019年7月	《党政主要领导干部和国有企事业单位主要领导人员经济责任审计规定》	中共中央办公厅、国务院办公厅	为适应新形势新要求,完善经济责任审计制度,推动经济责任审计工作深化发展

(四)经济责任审计的拓展和变化分析

伴随着经济责任审计规制的逐步完善,全国各级审计机关对各级次、各类别领导干部的经济责任审计已经全面展开,形成以任期审计为主,任期审计与离任审计相结合的审计模式,逐步建立起重要领导干部任期内的轮审制度,具体的拓展和变化为:(1)由以审财务为主转向以审机制、审控制、审风险为主;(2)由审结果为主转向以审过程、审责任人的动机为主;(3)由审计部门实施转向以审计部门为主,辅以纪检监察、监事会和组织人事等多部门的支持与协作;(4)由常用审计方法转向综合、系统、数字化的审计方法;(5)由离任审计转向任前审计、任中审计与任后审计并重的离任审计;(6)由"一把手"审计转向多层次经营者审计和多方面专项责任审计;(7)由财务指标评价转向财务指标与经济指标、生态指标、社会指标并重的评价;(8)由评价会计责任转向评价受托责任、社会责任和角色责任并重;(9)由审后报告转向审前公示、审后报告和审后(一定范围内)公告并重;(10)由干部监管部门运用审计结果,转向干部监管与经营管理、考核评价等部门均应运用审计结果;(11)由个人问责转向个人问责与企业整改并重。

二、我国经济责任审计的发展展望

我国社会主义条件下的受托经济责任产生于高度集中的计划经济和有计划商品经济体制下,计划经济初期,实行党委"一元化"领导,改革开放时期,实行行政"一把手"负责制,政府所承担的经济责任因高度集权而呈高度集中的趋势。受托经济责任的"国家化"和"集权化",使得社会经济生活经济责任履行方式发生了深刻变化,使经济责任履行结果扭曲和变形,带有很强的行政化、政治化的色彩;从而使审计监督的内容和方式发生了一些深刻的变化,具体如下。

首先,在党政机关内部实行"一把手"集权化负责制,可能助长"一把手"的独断专行,使民主化管理程序受到严重破坏。在这种制度环境中,某些党政机关负责人的权力得不到应有的制约和控制,没有科学的监督和评价机制,有时为了完成某项政治任务,不惜血本,不顾其他,违背了经济规律和自然规律。这时,作为国家受托经济责任履行者,政府各级管理人员在"行政一把手"高度集权的制度下,无法正常履行受托经济责任,整个党政机关的经济责任高度集权于"一把手"身上。在此种条件下,必须严格按照国家有关法律法规,严格监督政府主要负责人个人经济责任的履行,推进政府经济责任审计的必要性和迫切性更加明显。

其次,长期以来,我国只注重国有经济成分的存在价值,忽视其他经济成分,特别是私营经济的存在价值。改革开放后,在国民经济体系中,其他经济成分的比重逐步扩大,实现了以国有经济成分为主体、多种经济成分并存的所有制结构。在国有企业和国家控股企业中,建立一个完善有效的公司治理结构,不仅是在决策者和经营者之间建立起一种相互制约的机制,而且是实现企业战略目标的基本保证。但是,在我国国有企业和国有控股企业中,这种牵制关系带有较明显的虚构性,在实践中操作困难重重,董事会和经营者之间的相互牵制只是制度设计者们的一厢情愿。在这种情况下,通过加大对企业法定代表人经济责任的审计监督力度,无疑是十分必要的。

最后,我国党政机关作为一类"经济组织"或"经济管理组织"是按照高度集权的组织模式设计的,在内部控制对经济组织高层管理者缺乏"刚性"约束力的情况下,经济组织的内部控制制度的贯彻会流于形式,失去应有的控制效果。因此,加强对经济组织最高管理层(主要负责人)的个人经济责任审计,以外部监督与控制弥补内部控制的不足,除了有效制约经济管理中的违法违规行为外,还有利于促进内部控制系统的有效运行。

综上分析,政府主要负责人权力过分集中,国有企业或国有控股企业决策者和经营者相互牵制关系的虚构性以及政府机构各部门、政府机关行政组织内部控制系统缺失,是经济责任审计产生和发展的特定现实条件。随着我国政治、经济体制改革的深入发展,社会主义市场经济体制逐步健全,政府行政治理结构不断完善,党政机关领导人的权力过分集中的问题将逐步得到解决,国有企业或国家控股企业决策者和经营者相互制约关系将逐步得到加强,政府机关行政组织内部控制系统将进一步完善,现有经济责任审计存在的客观基础将淡出,或者说经济责任审计的目标将发生位移,转向管理、绩效和社会责任等目标。

第三节　经济责任审计主体和审计对象

一、经济责任审计主体

经济责任审计的主体可以是政府审计机关、内部审计机构和受托的社会审计组织。

在审计组织体系的分工上,政府审计机关侧重于地方党政领导干部经济责任审计、行政机关经济责任审计和国有企业及国有控股企业领导人员经济责任审计;内部审计机构接受国家审计机关和本部门、本单位最高管理当局的授权,在本部门、本单位内部开展经济责任审计;会计师事务所接受委托,开展国有事业单位和国有企业经济责任审计。

政府审计机关执行的政府经济责任审计是经济责任审计最重要的形式之一,它是对政府机关以及所属部门与组织的党政主要领导干部、国有企事业主要领导干部的组织受托经济责任履行情况执行审计监督与评价的活动。在审计关系中,政府经济责任审计的委托者是社会公众或全体民众,审计主体代表国家和人民的最高利益,审计行为是社会公正与正义的化身,代表社会公众行使审计监督权。

二、经济责任审计对象

经济责任审计是对领导干部如何使用领导职权和如何承担相应责任的一种考核和监督机制,其是督促领导干部正确履行职责,保障组织目标实现的有效控制活动,因此,经济责任审计对象指党政主要领导干部和国有企事业单位主要领导人员。2019年7月,中共中央办公厅、国务院办公厅印发了《党政主要领导干部和国有企事业单位主要领导人员经济责任审计规定》,指出领导干部经济责任审计对象包括:

(1)地方各级党委、政府、纪检监察机关、法院、检察院的正职领导干部或者主持工作1年以上的副职领导干部;

(2)中央和地方各级党政工作部门、事业单位和人民团体等单位的正职领导干部

或者主持工作 1 年以上的副职领导干部;

（3）国有和国有资本占控股地位或者主导地位的企业（含金融机构）的法定代表人或者不担任法定代表人但实际行使相应职权的主要领导人员;

（4）上级领导干部兼任下级单位正职领导职务且不实际履行经济责任时,实际分管日常工作的副职领导干部;

（5）党中央和县级以上地方党委要求进行经济责任审计的其他主要领导干部。

上述规定提供了经济责任审计对象界定的框架,并不是所有的领导干部都要被涵盖在审计对象范围之内。在经济责任审计实践中,需要结合具体情况,合理界定经济责任审计对象。

按照干部管理权限,确定领导干部的经济责任审计的组织实施。遇有干部管理权限与财政财务隶属关系等不一致时,由对领导干部具有干部管理权限的部门与同级审计机关共同确定实施审计的审计机关。审计署审计长的经济责任审计,按照中央审计委员会的决定组织实施。地方审计机关主要领导干部的经济责任审计,由地方党委与上一级审计机关协商后,由上一级审计机关组织实施。

第四节 经济责任审计的职能与作用

一、经济责任审计的职能

（一）经济监督职能

经济监督职能指通过对被审人员履行经济责任情况的审计,揭露违法违纪,稽查损失浪费,查明错误弊端,判断管理缺陷和界定经济责任,从而促进被审计人员的经济活动合法、规范、有效进行的功能。

（二）经济鉴证职能

经济鉴证职能指审计部门对被审计单位的财务状况和经营效果及反映经济活动情况资料的真实性、合法性及合规性进行鉴定和认证,并出具书面证明,为干部管理部门考核、使用干部提供比较翔实的资料和依据的功能。

（三）经济评价职能

经济评价职能指审计后,审计部门针对被审计人员,依据一定的标准对所查明的事实进行归纳、分析和认定,肯定成绩,指出问题,总结经验,提出建议,并出具客观公正的审计结果报告的功能。

(四)预防控制职能

经济责任审计在强化领导干部的经济责任意识、加强廉政建设等方面,具有预防经济犯罪、保护干部的积极功能。

(五)服务协调职能

经济责任审计制度有效地把纪律监督、组织考察与审计监督有机结合起来,从而加强对领导干部的监督管理。

综上所述,审计具有"经济体检"功能。对领导干部进行经济责任审计,既是对领导干部履职尽责情况的例行"体检",更是对所在地方、部门和单位财政财务收支、重大经济事项决策、执行财经纪律等情况的"把脉问诊"。在这个过程中,审计注重抓早抓小、防微杜渐,对审计发现的一些小毛病,只要引起足够重视、及时整改纠正,就能有效防止"小病拖成大病"。

二、经济责任审计的作用

(一)审计结果具有依据、鉴证和辨别作用

1.依据作用

2019 年 7 月出台的《党政主要领导干部和国有企事业单位主要领导人员经济责任审计规定》要求,经济责任审计结果以及整改情况应当作为被审计领导干部考核、任免和奖惩的重要依据,审计结果报告以及审计整改报告应当归入被审计领导干部本人档案。对组织而言,审计结果实事求是,组织人事以及有关主管部门在评价、考核、任免、奖惩领导干部时,将其作为重要依据,既有利于发现依法作为、有效作为、业绩突出的优秀干部,又可使弄虚作假、以权谋私、违法乱纪者现出原形。

2.鉴证和辨别作用

对干部群众而言,审计结果是一种回应、一种说法、一种交代。对有些领导干部履职情况,群众有反应、有疑问,审计结果客观公允,有利于解除群众心中疑问。对领导干部本人而言,审计结果是一个结论。通过经济责任审计,一方面对领导干部干得怎么样,有一个权威的说法,能够得出恰如其分的结论;另一方面,一些遭受不实举报反映的领导干部,也可以通过审计澄清是非,使蒙受诬陷、冤屈的领导干部能够放下包袱,勇于担当作为。

（二）审计是正风肃纪反腐的重要手段

经济责任审计对象是"关键的少数"。这些人在推进改革发展中，承担着非常重要的工作职责和职能，既是中央路线方针政策和省委、省政府决策、部署的贯彻者、执行者，又是本地区、本单位各项工作任务落实的领导者、决策者。同时，与班子其他成员相比，他们权力很大、责任很大，所经受的考验和诱惑也相对比较大。在审计中如发现有涉嫌重大违纪违法、失职渎职、损失浪费的领导干部，将按规定移送有关部门处理。经济责任审计能够促进各级领导干部把廉政纪律作为一道底线，把廉洁从政作为一种操守，做到秉公用权、干净干事。

思考题

1.什么是经济责任审计？简要阐述经济责任审计与财务审计的区别与联系。

2.如何理解经济责任审计是行政问责的重要基础？

3.受托经济责任的"国家化"和"集权化"对我国经济责任审计产生了哪些方面的影响？

4.简要阐述经济责任审计的职能有哪些？审计对象主要包括哪些？

第二章 经济责任审计实务流程、联席会议制度及注意事项

学习目标

1.了解经济责任审计实务流程

2.明确经济责任审计针对不同对象取证侧重的不同方面

3.理解离任审计的逻辑思路和审计依据,以及离任审计的实务操作重点

4.认识经济责任审计联席会议制度的内涵

5.熟知经济责任审计的注意事项

第一节 经济责任审计实务流程及审计重点

一、经济责任审计实务流程及关键环节

不同经济责任审计的重点不同,但实务流程一般如图 2-1 所示。

经济责任审计实务流程中的关键环节如下。

(一)送达审计通知书

审计通知书的内容主要包括被审计单位名称、审计依据、审计范围、审计起始时间、审计组组长及其他成员名单、被审计单位配合审计工作的要求。同时,还应当向被审计单位告知审计组的审计纪律要求。

经济责任审计中送达审计通知书时,应当注意以下情况:

(1)正常情况下,在实施经济责任审计 3 日前送达审计通知书。

(2)紧急、重大违法违规等特殊情况下,审计机关可以直接持审计通知书实施审

接受组织部门书面审计委托

↓

编制审计方案、组成审计组

↓

进行审前调查、编制审计实施方案

↓

送达审计通知书

↓

召开审计进点会并进行审计公示

↓

评价经济责任并取证

↓

起草审计报告并征求被审计单位和审计师的意见

↓

出具审计报告和审计结果报告

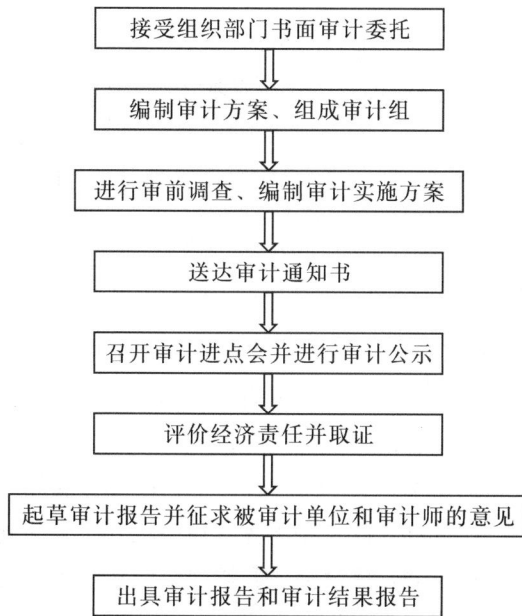

图 2-1　经济责任审计实务流程

计,但必须经过本级政府的批准。

(3)明确审计通知书的送达对象。审计通知书首先应送达被审计领导干部本人。考虑到经济责任审计涉及被审计领导干部所在单位或者原任职单位的财政财务收支及有关经济活动,审计通知书在送达被审计领导干部本人的同时,也应送达其所在单位或者原任职单位。

(二)召开审计进点会并进行审计公示

召开审计进点会前,必须明确召开进点会的目的、时间及参会人员,审计组可以根据具体情况,选择不同的方式进行公示。

召开审计进点会时,审计组要对被审计单位应当提供的资料达成共识,被审计领导干部及其所在单位和其他有关单位应当及时、准确、完整地提供与被审计领导干部履行经济责任有关的下列资料。

(1)被审计领导干部经济责任履行情况报告。

(2)工作计划、工作总结、工作报告、会议记录、会议纪要、决议决定、请示、批示、目标责任书、经济合同、考核检查结果、业务档案、机构编制、规章制度、以往审计发现问题整改情况等资料。

(3)财政收支、财务收支相关资料。

(4)与履行职责相关的电子数据和必要的技术文档。

(5)审计所需的其他资料。

被审计领导干部及其所在单位应当对所提供资料的真实性、完整性负责,并做出书面承诺。书面承诺具体分为以下两种情形。

(1)审计时被审计领导干部仍然担任所任职务的,被审计领导干部及其所在单位应当做出书面承诺。

(2)审计时被审计领导干部已不再担任所任职务,被审计领导干部及其原任职单位应当做出书面承诺。

(三)评价经济责任并取证

1.对地方各级党委和政府主要领导干部经济责任的评价和取证应当关注以下几个方面:(1)贯彻执行党和国家经济方针政策、决策部署情况;(2)本地区经济社会发展规划和政策措施的制定、执行和效果情况;(3)重大经济事项的决策、执行和效果情况;(4)财政财务管理和经济风险防范情况,民生保障和改善情况,生态文明建设项目、资金等管理使用和效益情况,以及在预算管理中执行机构编制管理规定情况;(5)在经济活动中落实有关党风廉政建设责任和遵守廉洁从政规定情况;(6)以往审计发现问题的整改情况;(7)其他需要审计的内容。

2.对党政工作部门、审判机关、检察机关、事业单位和人民团体等单位主要领导干部经济责任的评价和取证应当关注以下几个方面:(1)贯彻执行党和国家经济方针政策、决策部署情况;(2)本部门本单位重要发展规划和政策措施的制定、执行和效果情况;(3)重大经济事项的决策、执行和效果情况;(4)财政财务管理和经济风险防范情况,生态文明建设项目、资金等管理使用和效益情况,以及在预算管理中执行机构编制管理规定情况;(5)在经济活动中落实有关党风廉政建设责任和遵守廉洁从政规定情况;(6)以往审计发现问题的整改情况;(7)其他需要审计的内容。

3.对国有企业主要领导人员经济责任的评价和取证应当关注以下几个方面:(1)贯彻执行党和国家经济方针政策、决策部署情况;(2)企业发展战略规划的制定、执行和效果情况;(3)重大经济事项的决策、执行和效果情况;(4)企业法人治理结构的建立、健全和运行情况,内部控制制度的制定和执行情况;(5)企业财务的真实、合法、效益情况,风险管控情况,境外资产管理情况,生态环境保护情况;(6)在经济活动中落实有关党风廉政建设责任和遵守廉洁从业规定情况;(7)以往审计发现问题的整改情况;(8)其他需要审计的内容。

其他相关审计事务流程的具体内容见后续章节,此处不再赘述。

二、任期经济责任审计重点及相关工作底稿

与离任审计相比,任期经济责任审计更加侧重于咨询职责,即发现问题、提出综合整改方案、促使在岗在位的领导干部更加有效率地履职。下面基于行政事业单位

任期经济责任审计讲解任期经济责任审计的实务操作重点及相关工作底稿。

(一)实施贯彻执行有关经济法律法规、方针政策和决策部署情况审计

结合审计现场调查,实施领导者任职期间贯彻执行党和国家有关经济法律法规方针政策,贯彻执行系统内上级单位的重要决策和领导批示,执行部门有关经济规章制度和决策部署的情况审计。

(二)实施重要经济决策制定和执行情况审计

主要结合对领导者所在部门、单位的决策调研、咨询论证、征求意见、决策合法性、会议决定、决策纠错以及决策责任追究机制的了解,检查决策机制的建立健全情况,检查重要经济决策依据的合法性和合规性,检查重要经济决策程序的规范性,编制任期内重大事项决策情况表(见表2-1)。

表 2-1 任期内重大事项决策情况

被审计单位名称(盖章): 被审计者: 任期:

决策项目	决策日期	决策程序	决策实施时间	决策项目投入金额	资金来源	是否办妥招投标	决策效果	说明

被审计单位负责人: 填表人: 填表日期:

填表说明:本表所指的"决策"均为"重大事项决策"。"重大事项决策"是指对组织的经营发展有重大影响的决策行为,如对外投资、重大资产的购置和处置等,一般包括重要预算分配管理决策执行情况审计、重要基础建设项目决策执行情况审计、重要对外投资项目决策执行情况审计、重要国有资产处置决策执行情况审计。

(三)实施预算执行和其他财政收支真实性、合法性审计

1.对会计报表准确性和编报技术的审核

在审核会计报表的编报技术时,最基本的是审核报表的平衡性和相关报表中具有勾稽关系的数据是否一致,还要审核月报、季报和年报按规定应报送的报表是否齐全、及时。具体有以下几个主要方面:(1)应报的会计报表是否编报齐全,手续是否完备;(2)有关报表数据是否平衡,是否加计正确;(3)本年度报表的年初数与上年度相关报表的年末数是否一致;(4)其他报表有关数据与资产负债表中的相关数据是否一致;(5)上下级之间的经费缴拨、专项资金的收支数据是否一致。

2.会计报表合规性审计

会计报表合规性审计是指审核有关收支是否符合国家有关法律、法规和财经制度等,具体为:(1)是否按预算执行。预算是保证行政业务计划得以实现的经济条件,

预算执行的好坏,大体表明行政任务完成的好坏。(2)各项经费的来源是否真实、正当。行政单位的经费来自财政或上级主管单位或其他方面,对于资金,我们必须查明其来源是否正当,数额是否真实。(3)费用去向是否明确,有无截留行为,有无资金流失现象。(4)有无违反财经纪律、政策法规的现象。(5)专项资金的使用是否专款专用,特别是专项资金从拨入到使用,直至专项工程或专项任务的完成,是否单独核算等。

3.行政事业单位财务报表分析

在财务收支审计中,审计师应运用分析程序(确立分析对象、期望值,进行对比分析、差异及原因分析)分析财务报表,以明确任期内目标完成情况及预算执行情况(形成工作底稿如表2-2和表2-3所示),以找出提高绩效的方案。具体分析的内容包括预算收入执行情况分析、预算支出分析(主要分析行政单位各项支出是否按规定用途使用、是否符合费用开支标准、是否符合费用开支定额、有无超标准开支、有无铺张浪费、有无乱开支和乱摊销)、固定资产增减变动情况分析等。

表 2-2 任期内目标完成情况

被审计单位名称(盖章):　　　　　　　被审计者:　　　　　　　任期:

序号	任务目标明细	自评完成情况	审定完成情况	备注

负责人:　　　　　　　填表人:　　　　　　　填表日期:

表 2-3 任期内预算执行情况

被审计单位名称(盖章):　　　　　　　被审计者:　　　　　　　任期:

序号	预算项目	预算数	实际数	超支或节约

负责人:　　　　　　　填表人:　　　　　　　填表日期:

三、离任审计重点及审计风险控制

按照审计的内容,可以将离任审计分为任期离任审计和破产离任审计。

任期离任审计,指对经济责任人完成所承担的任期目标等目标责任情况进行的审计。任期离任审计主要根据经济责任人与上级主管部门发包(或出租)单位或者本级政府部门所签订的承包、租赁合同或目标责任开展审计工作,审计内容在合同中有明确规定,审计目标和审计范围明确,审计重点突出。

破产离任审计主要包括:审查和确认企业破产的原因;确定对企业破产应当承担

责任的主要责任人;监督破产企业的财产物资,包括破产清算时资产、负债项目的确认,资产价值的评估,破产财产的变卖和分配等。破产离任审计可以全面地对企业整个破产过程进行审计,确认责任人应当承担的经济责任,保证破产清算的顺利进行。企业离任审计的逻辑思路和审计依据如表2-4所示。

表2-4　企业离任审计的逻辑思路和审计依据

序号	逻辑思路	审计依据
1	以最近一期会计报表的净资产审计为主,追溯任期内各期的报表确认情况,核实企业的资产、负债、损益和权益	根据企业会计准则规定的合法、公允的会计政策
2	在报表各项目确认的基础上,重新计算各项指标,评价离任者经济效益及其履职目标的完成情况,提出提高绩效的建议	适用于企业的相关法律法规和政策要求,以及企业内部的规章制度、产权管理者或监管者下达的任务目标
3	实施内部控制测试与评价,汇总离任者任期期间内部控制的变化和存在的缺陷,评价内部控制的有效性,提出整改建议	根据五部委颁布的《企业内部控制基本规范》及其配套指引和监管者对内部控制的要求,编制的适应企业的内部控制手册
4	汇总所有执行审计程序中关注到的离任者任期内重大的经济责任活动,评价重大经济活动决策是否科学,评价重大政策落实情况,判断违规违法事项是否应当归责,并明确其承担的是直接责任、主管责任还是领导责任	适用于企业的相关法律法规、国家经济政策、财经法规以及企业内部的规章制度、"三重一大"制度及其决策程序
5	汇总离任者遵守廉洁从业规定情况以及年薪执行情况	依据《国有企业领导人员廉洁从业若干规定》,国资委及被审计企业产权单位核定的年薪及激励约束政策

下面基于企业离任审计讲解离任审计的实务操作重点。

(一)企业财务状况审计

检查企业资产、负债、损益的真实性、合法性,以及效益情况,主要包括损益审计、资产审计、负债审计、所有者权益审计、财政资金收支执行情况审计、税收缴纳情况审计。

1.损益审计

检查企业营业收入、其他业务收入、投资收益等的确认是否准确,成本、费用的核算是否真实,合并会计报表的合并范围是否真实准确完整,政策运用是否恰当,内部关联交易抵消是否充分,是否存在为达成考核指标而粉饰业绩等调节利润的问题,有无以假发票套取资金、截留收入或虚列成本费用设立账外账、"小金库"等违法违规行为。

2.资产审计

检查企业资产的真实性和完整性及计价的准确性,资产结构的合理性和资产质量的优劣性,不良资产及潜亏挂账的总额、构成情况及损失浪费,分析不良资产和潜亏挂账形成的原因。

(1)检查货币资金的存在性、记录的完整性及余额的准确性。

(2)检查应收账款、其他应收款、预付账款等债权类科目挂账的真实性、合理性,是否存在为掩盖损失浪费或调节损益而挂账等问题。

(3)检查存货的存在性和完整性及计价的准确性。

(4)检查固定资产和在建工程记录的完整性及计价的准确性。

(5)检查长期投资的真实性及核算方法的正确性。

3.负债审计

检查企业负债的真实性和完整性,是否存在多计、少计负债,收益挂负债、财政补助专项资金未及时结转等问题;结合企业负债结构和现金流量情况,分析企业现金流量偿债率、资产负债率等企业偿债能力情况。

4.所有者权益审计

检查企业所有者权益各组成部分的形成、增减变动及会计处理的真实性、合法性、准确性。

5.财政资金收支执行情况审计

检查企业上缴国有资本收益是否及时、足额,拨付企业财政资金的使用是否按照国有资本经营预算、公共财政预算安排执行,资金的使用是否符合企业财务管理的规定,关注财政资金的使用效益。

6.税收缴纳情况审计

检查企业各项税收的计提缴纳情况,分析多缴、欠缴税的原因。

在以上的企业财务状况审计中,最容易出现以下风险。

(1)存量资产的清查确认风险。一是数量上的差错,在离任审计中,仅查清长短数量并不很难,难的是因管理制度不完善,不易确认是谁的责任,以及离任者应负什么责任。二是存量资产报废的确认。在离任审计中,经全面的清查核效,往往有相当数量的固定资产和存货需要作报废处理,审计师既不具备对需要作报废处理的资产做出质量鉴定的知识和技能,也没有批准作报废处理的职权,而接任者又常常纠缠于这个问题,不作报废处理就不签字认可。三是存量资产价值的确定。这主要表现在企业离任审计中,对存储时间较长的存货,交接双方或因质量问题、技术更新而造成的无形损耗,或因市场变化等,而为存货的实际价值争议不休,而审计师只能审查库存成本是否准确,在存货未实现销售之前难以确定其实际销售价格、是否需降价及降价幅度、能造成多大损失等。

(2)债权债务的清理确认风险。在离任审计中,由于企业交接双方所处的位置不同,对债权债务的态度也各异:离任者希望各种应收款项一笔也不作坏账处理,且信誓旦旦"如我还在任,一定能够收回";接任者往往提出对超过3年或其他特殊的应收款项作坏账处理。因此,对于大量有争议的应收款项,需要审计师逐笔清查核对,并根据具体情况进行专业判断处理。

(3)未决诉讼风险。审计师应当查看被审计单位提供的所有未决诉讼的明细清单,并追踪溯源查证未决诉讼是应当作"或有负债"确认或充分、适当披露该事项。

(4)没有及时入账的资产、负债、费用和支出的确认风险。没有及时入账本身即表明内部控制存在缺陷,为此,审计师在审计时应当关注没有及时入账的资产、负债、费用和支出,查证该项资产、负债、费用和支出是否与被审计单位相关,且应按会计准则正确表达和披露。

(5)会计估计、会计政策变更风险。随着环境变化和科技创新,会计估计、会计政策变更等会计事项在经济活动中经常发生,建议利用大数据及时评估会计估计、会计政策变更等会计事项,及时发现问题,以便有针对性地解决问题。

(二)经营管理责任审计

1.审计领导干部政策落实和推动企业发展情况

主要检查企业是否积极主动地贯彻落实国家和当地政府颁布的重大经济政策;检查领导干部任职期间开展的主要工作,制定的企业发展战略和采取的主要措施,以及企业全面预算和工作计划完成情况;检查企业可持续发展情况,了解企业发展中面临的重大风险,关注企业自主创新能力、经营安全情况,分析影响企业可持续发展的因素;通过对比领导干部任职前后有关企业经营发展的财务指标变化情况,全面、客观、准确地评价领导干部经营业绩;比较研发投入比例、创新技术对收入的贡献度等指标变化趋势,评价企业自主创新能力;关注投资与战略的关系、高风险业务占比、低毛利率产品占比、落后产能贡献度等影响企业经营风险的指标变化趋势,评价企业经营安全情况。

2.审计企业治理和监管控制情况

主要检查企业法人治理结构和内部控制制度是否建立、健全、有效,信息系统是否安全、有效地正常运行,集团对所属单位的监管控制是否到位,所属单位管理是否存在体制障碍或制度漏洞。

(1)检查企业法人治理结构及内部控制制度的建立和运行情况。关注决策机构、监督机构和经营管理者之间制衡机制的实际运行效果;内部控制制度是否建立、健全和有效执行,是否存在重大缺陷;内部审计机构是否建立、健全并有效发挥作用。

(2)检查企业信息治理及信息系统的建设和实际运行情况。重点关注信息治理架构的健全性和有效性;关注企业信息系统的安全性、可靠性、经济性及效益性,重点关注企业信息系统一般控制和应用控制的完整性和有效性,检查是否存在信息系统固有漏洞或人为因素造成的数据不真实、不完整等问题。

(3)检查集团本部对所属单位的监管控制能力。关注企业是否因管理层级过多、链条过长、管理手段落后而对所属单位管理失控,或者是否因管理不善而造成国有资产重大损失和流失问题。

(4)检查企业非生产性支出情况。关注企业因公出国(境)费用、公务用车购置及运行费用、公务接待费用的管理制度和使用情况,重点关注其合理性、合规性,有无挥霍浪费、损公肥私等问题。

(三)重大事项决策情况审计

主要检查企业重大经济决策规则和程序是否明确、决策机制是否完善、决策程序是否规范、决策目标是否实现。重点把握企业经济决策事项的总体情况,检查企业"三重一大"(重大事项决策、重要干部任免、重大项目投资决策、大额资金使用)制度的制定和执行情况,深入分析决策失败的原因并界定责任,结合当前和长远情况,全面、客观地评价经济决策的效益性。明确企业重大经济决策事项的总数及金额、抽查项目的数量及金额、存在问题项目的数量及金额、造成损失及潜在损失项目的数量及金额。

1.重大投资和工程建设项目

检查决策机制是否健全、决策程序是否规范、决策内容是否合法合规、决策执行是否到位、决策目标是否实现。分析投资项目是否符合企业发展战略、是否围绕主业布局,投资结构是否合理。分析投资项目是否有利于企业转型升级以提高核心竞争力。

2.重大资本运作事项

检查企业改制、收购兼并、重组上市、与外单位的合资合作、大额度资金筹措等重大资本运作事项是否履行规定的决策和审批程序,大额度资金调度是否合规,资金投向是否真实合规,有无造成国有资产流失(损失)。

3.重大资产处置事项

检查处置事项是否履行规定的决策和审批程序,是否按规定进行评估,是否存在违规低价处置而造成国有资产流失(损失);检查资产损失核销的真实性及程序的合规性,有无虚假核销资产损失以转移经营损失等问题。

4.重大采购事项

检查重要设备购置、关键技术引进及其他大宗物资采购是否履行规定的决策和审批程序,是否按规定进行招标和订立合同。

5.重大担保借款事项

检查企业经济担保行为是否履行规定的决策和审批程序,是否按规定进行保证、抵押和质押,有无违规担保或出借资金而造成损失等问题。

(四)违法违规责任审计

聚焦以下领域,查证是否存在违法违规行为:(1)各级党委政府决策部署和重大政策措施贯彻执行;(2)领导干部守纪、守规和尽责情况;(3)严格贯彻落实中央八项规定及其实施细则的精神；(4)权力集中、资金密集、资源富集、资产聚集的重要岗位、重点事项和重点环节；(5)推动权力规范运行、党风廉政建设和责任落实。

对于严重违反财经纪律的领导干部，应明确违反财经纪律问题的性质及数额，明确违纪责任的轻重情节。对于截留收入、挤列成本、套取现金、私设"小金库"、私分国家和企业资财的领导干部，审计师应提出从重处罚和移交有关部门处理的建议。

第二节　审计评价

一、审计评价的方法、依据和内容

审计委员会办公室、审计机关应当根据不同领导职务的职责要求，在审计查证或者认定事实的基础上，综合运用多种方法，坚持定性评价与定量评价相结合，依照有关党内法规、法律法规、政策规定、责任制考核目标等，在审计范围内，对被审计领导干部履行经济责任情况，包括在对公共资金、国有资产、国有资源的管理、分配和使用中个人遵守廉洁从政(从业)规定等情况，作出客观公正、实事求是的评价。

审计评价应当有充分的审计证据支持，对审计中未涉及的事项不作评价。

二、问题责任的界定

依据中共中央办公厅、国务院办公厅发布的《党政主要领导干部和国有企事业单位主要领导人员经济责任审计规定》(2019 年 7 月)，对领导干部履行经济责任过程中存在的问题，审计委员会办公室、审计机关应当按照权责一致原则，根据领导干部职责分工，综合考虑相关问题的历史背景、决策过程、性质、后果和领导干部实际所起的作用等情况，界定其应当承担的直接责任或者领导责任。

(一)领导干部在履行经济责任过程中应当承担直接责任的行为

(1)直接违反有关党内法规、法律法规、政策规定的。

(2)授意、指使、强令、纵容、包庇下属人员违反有关党内法规、法律法规、政策规定的。

(3)贯彻党和国家经济方针政策、决策部署不坚决不全面不到位，造成公共资金、国有资产、国有资源损失浪费，生态环境破坏，公共利益损害等后果的。

(4)未完成有关法律法规规章、政策措施、目标责任书等规定的领导干部作为第一责任人(负总责)事项,造成公共资金、国有资产、国有资源损失浪费,生态环境破坏,公共利益损害等后果的。

(5)未经民主决策程序或者民主决策时在多数人不同意的情况下,直接决定、批准、组织实施重大经济事项,造成公共资金、国有资产、国有资源损失浪费,生态环境破坏,公共利益损害等后果的。

(6)不履行或者不正确履行职责,对造成的后果起决定性作用的其他行为。

(二)领导干部在履行经济责任过程中应当承担领导责任的行为

(1)民主决策时,在多数人同意的情况下,决定、批准、组织实施重大经济事项,由于决策不当或者决策失误造成公共资金、国有资产、国有资源损失浪费,生态环境破坏,公共利益损害等后果的。

(2)违反部门、单位内部管理规定,造成公共资金、国有资产、国有资源损失浪费,生态环境破坏,公共利益损害等后果的。

(3)参与相关决策和工作时,没有发表明确的反对意见,相关决策和工作违反有关党内法规、法律法规、政策规定,或者造成公共资金、国有资产、国有资源损失浪费,生态环境破坏,公共利益损害等后果的。

(4)疏于监管,未及时发现和处理所管辖范围内,本级或者下一级地区(部门、单位)违反有关党内法规、法律法规、政策规定的问题,造成公共资金、国有资产、国有资源损失浪费,生态环境破坏,公共利益损害等后果的。

(5)除直接责任外,不履行或者不正确履行职责,对造成的后果应当承担责任的其他行为。

对被审计领导干部以外的其他责任人员,审计委员会办公室、审计机关可以适当方式向有关部门、单位提供相关情况。

三、审计评价时应注意的问题

应当把领导干部在推进改革中因缺乏经验、先行先试出现的失误和错误,同明知故犯的违纪违法行为区分开来;把上级尚无明确限制的探索性试验中的失误和错误,同上级明令禁止后,依然我行我素的违纪违法行为区分开来;把为推动发展的无意过失,同为谋取私利的违纪违法行为区分开来。对领导干部在改革创新中的失误和错误,正确把握事业为上、实事求是、依纪依法、容纠并举等原则,经综合分析研判,可以免责或者从轻定责,鼓励探索创新,支持担当作为,保护领导干部干事创业的积极性、主动性、创造性。

第三节　经济责任审计联席会议制度

各级党委和政府应当加强对经济责任审计工作的领导,建立健全经济责任审计工作联席会议制度(以下简称"联席会议")。

一、联席会议的组成及职责

(一)联席会议的组成

联席会议由纪检监察机关和组织部、审计部、财政部、人力资源和社会保障部、国有资产监督管理部、金融监督管理部等部门组成,召集人由审计委员会办公室主任担任。联席会议在同级审计委员会的领导下开展工作。联席会议下设办公室,与同级审计机关内设的经济责任审计机构合署办公,办公室主任由同级审计机关的副职领导或者相当职务层次领导担任。

(二)联席会议的职责

联席会议主要负责研究拟定有关经济责任审计的制度文件,监督检查经济责任审计工作情况,协调解决经济责任审计工作中发现的问题,推进经济责任审计结果运用,指导下级联席会议的工作,指导和监督部门、单位内部领导干部经济责任审计工作,完成审计委员会交办的其他工作。联席会议办公室负责联席会议的日常工作。

下面重点介绍联席会议年度经济责任审计项目计划制订及推进审计结果运用的职责。

二、年度经济责任审计项目计划制订

(一)经济责任审计计划的组成

经济责任审计计划包括年度经济责任审计项目计划和项目审计计划。年度经济责任审计项目计划又称年度经济责任审计计划,其规划某年度将执行哪些经济责任审计项目,即拟对哪些领导干部执行经济责任审计。项目审计计划又称审计方案,是某经济责任审计项目的计划,包括审计工作方案和审计实施方案。

(二)年度经济责任审计项目计划制订程序

(1)审计委员会办公室商同级组织部门提出审计计划安排,组织部门提出领导干部年度审计建议名单。

(2)审计委员会办公室征求同级纪检监察机关等有关单位的意见后,纳入审计机关年度审计项目计划。

(3)审计委员会办公室提交同级审计委员会审议决定。

属于对有关主管部门管理的领导干部进行审计的,审计委员会办公室商有关主管部门提出年度审计建议名单,纳入审计机关年度审计项目计划,提交审计委员会审议决定。

年度经济责任审计项目计划一经确定,不得随意变更;确需调减或者追加的,应当按照原制定程序,报审计委员会批准后实施。

被审计领导干部遇有被有关部门采取强制措施、纪律审查、监察调查或者死亡等特殊情况,以及存在其他不宜继续进行经济责任审计情形的,审计委员会办公室商同级纪检监察机关、组织部门等有关单位提出意见,报审计委员会批准后终止审计。

三、推进审计结果运用

审计委员会办公室、审计机关应当听取联席会议有关成员单位的意见,及时了解与被审计领导干部履行经济责任有关的考察考核、群众反映、巡视巡察反馈、组织约谈、函询调查、案件查处结果等情况。

审计委员会办公室、审计机关应当按照规定,以适当方式通报或者公告经济责任审计结果,对审计中发现问题的整改情况进行监督检查。

第四节　经济责任审计注意事项

一、组织协调

(一)联席会议的组建

各级党委和政府应当加强对经济责任审计工作的领导,建立健全经济责任审计工作联席会议制度。联席会议由纪检监察机关和组织、机构编制、审计、财政、人力资源社会保障、国有资产监督管理、金融监督管理等部门组成,召集人由审计委员会办公室主任担任。联席会议在同级审计委员会的领导下开展工作。联席会议下设办公室,与同级审计机关内设的经济责任审计机构合署办公。办公室主任由同级审计机关的副职领导或者相当职务层次领导担任。

(二)联席会议的职责

联席会议主要负责研究拟订有关经济责任审计的制度文件,监督检查经济责任审计工作情况,协调解决经济责任审计工作中出现的问题,推进经济责任审计结果运用,指导下级联席会议的工作,指导和监督部门、单位内部管理领导干部经济责任审计工作,完成审计委员会交办的其他工作。联席会议办公室负责联席会议的日常工作。

(三)经济责任审计应当有计划地进行

根据干部管理监督需要和审计资源等实际情况,对审计对象实行分类管理,科学制定经济责任审计中长期规划和年度审计项目计划,推进领导干部履行经济责任情况审计全覆盖。

二、审计目标

以促进经济高质量发展,促进全面深化改革,促进权力规范运行,促进反腐倡廉,推进国家治理体系和治理能力现代化为目标,围绕领导干部在职期间在其辖区范围内贯彻执行党和国家经济方针政策、决策部署,推动经济社会发展,管理公共资金、国有资产、国有资源,防控重大风险等有关经济活动履行职责情况开展审计,客观评价领导干部任期内履行经济责任的情况,揭示和反映重大违法违规、重大失职渎职、重大决策失当,以及不作为、慢作为、乱作为问题,提出改进建议,督促整改问效。

三、审计范围

(1)审计时间范围。一般为审计对象任职期间,任期超过 3 年的,以近 3 年为主,必要时可追溯审计其他年度。

(2)审计单位范围。领导干部直接分管的党委办、政府办、联系点、财政、自然资源规划、住建、交通、农村农业、环保等部门以及城投公司、开发区等为必审对象。发改、公共资源交易中心、地方国库代理机构等有关行政事业单位为延伸审计对象。根据审计工作需要,对行政性收费、罚没收入和专项收入较多的执收执罚单位,当地重点税源大户,分配、管理、接受或使用扶贫、教育、卫生、社保等民生资金的部门和单位,以及有关乡镇单位或个人进行延伸审计。

四、经济责任审计的回避制度

回避制度是为避免审计人员以权谋私、违法行政，保证行政行为的客观公正性而设定的一项法律制度，有关行政法律对其作出了专门的制度性的规定。《审计法》及其实施条例、《中华人民共和国国家审计准则》等对审计机关和审计人员在审计工作中应当遵守的回避制度，作出了专门规定。回避制度是一项法律制度，在经济责任审计过程中，审计机关和审计人员必须严格执行回避制度；否则，审计机关的审计行政行为将构成违法，审计机关对此应承担相应的法律责任。

根据审计回避制度的规定，审计人员办理审计事项，与被审计单位或者审计事项有利害关系时，应当回避。具体如下：

（1）与被审计单位负责人或有关主管人员之间有夫妻关系、直系血亲关系、三代以内旁系血亲以及近姻亲关系的；

（2）与被审计单位或者审计事项有经济利益关系的；

（3）与被审计单位、审计事项、被审计单位负责人或者有关主管人员有其他利害关系，可能影响公正执行公务的。

审计人员通过以下方式回避：一是审计人员自行回避，即审计人员认为自己应当回避时，自行申请回避；二是审计机关作出审计人员实行回避的决定；三是被审计领导干部或被审计领导干部所在单位及其他具有利害关系的单位或个人如果认为审计人员符合回避的法定条件时，依法申请审计机关要求有关审计人员回避。

回避的时间可以是审计通知书送达后到审计过程终结前的任何时间。

审计人员的回避，由审计机关负责人决定；审计机关负责人办理审计事项时的回避，由本级人民政府或者上一级审计机关负责人决定。

五、审计方法和审计风险控制

（一）审计方法

按照《中华人民共和国审计法》，中共中央办公厅、国务院办公厅2019年7月印发的《党政主要领导干部和国有企事业单位主要领导人员经济责任审计规定》等的有关要求，主要通过审查财务会计资料，查阅与审计事项有关的文件、资料，核查省厅事先提供的疑点，向有关单位和个人调查等方式进行审计；对有关部门和单位运用计算机管理的财政、财务收支电子数据系统一并进行审计。同时，根据工作需要，采取询问、座谈、问卷调查等方法了解情况。

(二)审计风险控制

经济责任审计风险主要是审计项目质量风险和审计组廉政风险。各级审计机关和广大审计干部一定要清醒认识审计风险,切实把上一级审计机关提出的要求、出台的操作规程措施落实到方案上、体现在行动上,确保审计项目质量安全、审计权力行使安全和审计干部成长安全。

(1)推进审计质量风险教育常态化。审计质量的高低直接影响审计价值的大小,坚持突出重点与全员覆盖相结合,坚持正面引导与反面警示相结合,坚持务虚与务实相结合,建立日常化审计风险教育机制,筑牢审计干部抵御风险的思想防线。每个经济责任审计组、每一名审计干部必须树立"该发现的问题没有发现就是失职、发现问题不报告就是渎职"的理念,在审计实施中,坚持将审计账册资料与查核疑点问题和线索相结合、查合同资料与看会议记录相结合、技审与目审相结合、查死账与查活账相结合,靶向定位、有的放矢,把可能存在重大问题的事项的来龙去脉查证清楚。

(2)健全完善审计廉政风险防控制度。审计人员只有自身廉洁工作过硬、经得起考验,才能有资格、有底气去检查和督促别人,才能通过审计监督来推进社会发展。各级审计机关要重点加强对审计情况报告、外部力量利用、外勤经费报销等关键环节的风险防控工作,建立健全审计组审前教育、审中跟踪、审后回访制度,严格落实审计组重大事项报告、廉洁纪律要求告知书、廉洁审计责任状、廉洁审计承诺书、审计纪律执行情况报告、审计组廉政监督员、执行纪律情况反馈等制度,用制度约束保障廉洁从审。

(3)进一步加强操作规程和廉洁纪律执行情况监督检查。组织审中现场督导、审计情况汇审、廉政抽查,以及审后廉洁回访活动,充分利用网上审理、电子监控系统加大对审计操作流程、廉政纪律执行情况的监督。

思考题

1.企业财务状况审计包括哪几种? 它们侧重的部分分别是什么?

2.简要阐述重大事项决策情况审计的目的和内容。

3.进行审计评价时,我们应注意哪些问题?

4.什么是经济责任审计联席会议制度? 对审计结果有什么影响?

第三章　经济责任审计证据与工作底稿

学习目标

1. 了解经济责任审计证据概念、种类、作用和鉴定
2. 理解衡量经济责任审计证据强弱的指标
3. 掌握经济责任审计证据的特性、收集经济责任审计证据的方法
4. 了解审计工作底稿的概念、种类和作用
5. 理解经济责任审计工作底稿的归档、复核和管理的要求

经济责任审计的整个工作过程,就是收集经济责任审计证据,并根据经济责任审计证据形成经济责任审计结论和经济责任审计意见的过程。因此,收集、鉴定和综合经济责任审计证据,是经济责任审计工作的核心。经济责任审计工作底稿则是经济责任审计过程和结果的书面证明,也是经济责任审计证据的汇集和编写经济责任审计报告的依据。

第一节　经济责任审计证据

一、经济责任审计证据的概念、作用和特性

(一)经济责任审计证据的概念

根据 2011 年 1 月 1 日起施行的审计署《中华人民共和国国家审计准则》(审计署令第 8 号)第八十二条定义,审计证据指审计人员获取的能够为审计结论提供合理基

础的全部事实,包括审计人员调查了解被审计单位及其相关情况和对确定的审计事项进行审查所获取的证据。

经济责任审计证据是经济责任审计人员在经济责任审计过程中根据审计准则要求,采用各种方法获取的真实凭据,用于证实或否定被审计单位财务报表所反映的财务状况以及经营成果合法性和公允性的一切资料。

《中华人民共和国国家审计准则》(审计署令第8号)第一章第九条规定:"审计机关和审计人员执行审计业务,应当依据年度审计项目计划,编制审计实施方案,获取审计证据,作出审计结论。"所以经济责任审计证据是经济责任审计理论的一个重要组成部分,它是指经济责任审计人员在经济责任审计过程中取得的,针对被审计单位的评价和审计结论,提供证明的一系列事实凭据和资料。经济责任审计人员对被审计单位的财务报表及其反映的经济活动所作的分析、判断和评价,不仅依靠各种经济责任审计依据,而且必须依靠一定的事实凭据,这种证据来源于被审计单位经济行为本身,反映着被审计单位经济活动的客观事实。

经济责任审计人员实施经济责任审计工作的最终目的是根据充分、适当的经济责任审计证据发表意见。而经济责任审计人员发表的意见要令人信服,必须有充分、适当的证据作为根据,因此,经济责任审计证据是经济责任审计成败的关键。因为没有证据就没有发言权,若没有经济责任审计证据,经济责任审计意见也就无从谈起。因此,实施经济责任审计的过程实质上就是收集和评价经济责任审计证据的过程,经济责任审计证据是做好审计工作、合理提出经济责任审计报告、达到经济责任审计目标的重要条件。

(二)经济责任审计证据的作用

1.审计证据体现审计的公平与客观

在经济责任审计过程中需要严格按照相应的规章制度,对被审计人在任期间的经济活动加以鉴证,分析财务收支的合法性与真实性,这建立在审计证据的基础上。审计证据是现阶段经济责任审计中不可或缺的一部分,且需要完全依赖审计证据。只有真正做到这一点,才能体现出审计的公平与客观,否则会导致各类风险与隐患的产生。

2.审计证据是经济责任审计正确评价的依据

经济责任审计必须以审计证据反映的事实为依据,以相关审计依据为评价标准,形成审计意见,得出审计结论。经济责任审计具有社会敏感性。在整个审计过程中,每一位审计人员均需要遵循相应的流程,遵守规定,保持严谨的工作态度,做出正确的判断;需要对审计证据加以重视,并做好各项数据资料收集工作,从时代发展角度出发,有针对性地发挥审计证据的评级依据作用与价值。

3.审计证据可以提高经济责任审计的准确性

受到诸多因素所带来的影响,审计人员无法绝对保证审计意见的准确性,所以需要多角度分析与考虑审计内容,要准确分析则离不开审计证据。为从根本上明确审计证据的证明力,需要利用相应的程序与方法进行鉴定与分析审计证据,在整个审计过程中,需要审计人员不断深化认识,做好证据的收集工作,从而反映经济活动的真实性、合法性和效益性。另外,还需要做好审计证据的鉴定,对审计证据所披露的问题,需要分析其性质与重要程度,实现去伪存真、去粗取精。如果对收集到的审计证据无法及时进行鉴定与判断,那就无法做好综合分析,无法满足审计的基本目的。

(三)经济责任审计证据的特性

根据《中华人民共和国国家审计准则》(审计署令第 8 号)第二十四条,审计人员执行审计业务时,应当合理运用职业判断,保持职业谨慎,对被审计单位可能存在的重要问题保持警觉,并审慎评价所获取审计证据的适当性和充分性,得出恰当的审计结论。经济责任审计人员对被审计单位所做出的评价和所提出的审计结论是否客观、公正,取决于是否取得充分、适当的经济责任审计证据,审计证据必须同时具备充分性和适当性。

1.充分性

审计证据的充分性,是用来衡量审计证据数量的特性,主要与审计人员确定的样本量有关。通常,对某个审计项目实施某一选定的审计程序,从较多样本中获得的证据要比从较少样本中获得的证据更为充分。

审计人员需要获取审计证据的数量受错报风险的影响。错报风险越大,需要的审计证据可能越多。具体来说,在可接受的审计风险水平一定的情况下,重大错报风险越大,审计人员就应实施越多的测试工作,将错报风险降至可接受水平,以将审计风险控制在可接受的低水平范围内。

无论是为了评价审计证据的充分性,还是需要保证审计证据的充分性,审计人员都必须关注样本的代表性。客观恰当的审计意见必须建立在一定数量的审计证据的基础上,但这并不意味着审计证据越多越好。为了使所执行的审计富有效率,审计人员往往将审计证据的需要量范围降到一个最低限度,这就要求所选用的审计证据的样本项目必须具有一定的代表性。

审计人员在判断证据是否充分时,应当考虑下列主要因素:

(1)审计风险。审计风险是由重大错报风险和检查风险组成的。审计人员对重大错报风险的估计水平与所需证据的数量成正向关系,即重大错报风险的估计水平越高,所需搜集证据的数量就越多.

(2)具体审计项目的重要程度。通常,审计项目越重要,需要审计证据的数量就越多,因为审计人员需有足够多的证据来证明其审计结论的可靠性。

（3）审计人员的经验。审计过程中所需证据的数量也取决于审计人员（包括业务助理人员）的经验，拥有丰富经验的审计人员会选取更具有代表性的样本，从而在选取的数量上要求更少。

（4）审计过程中是否发现错误或舞弊。如果在审计过程中发现错误或舞弊现象，说明审计过程可靠性下降，审计质量值得怀疑。因此，此种情况下，为了保证最后结果的准确，通常要增加证据的数量。

（5）审计证据的类型与获取途径。审计证据的类型与获取途径很大程度上决定了审计证据的质量，而审计证据的质量又影响着审计人员所需获取审计证据的数量。一般来说，可靠而稳定的证据获取，通常更具有说服力和证明力。

审计证据充分性是审计证据证明的充分要求，不具备充分性的审计证据证明往往是肤浅的、软弱无力的。审计证据充分性的要求，实质上是要求审计人员根据所获证据足以对被审对象提出一定程度保证的结论。

2.适当性

经济责任审计证据的适当性是用来衡量审计证据质量的特性，包括客观性、相关性和合法性。

（1）客观性。经济责任审计证据的客观性是指审计证据是客观事实的真实反映，不能是臆断、猜测、估计、虚构的主观产物。审计证据作为经济责任审计人员发表审计意见的凭证，应该保证其本身必须是客观存在的经济事实，它的来源是可靠的，不以人的意志为转移。那种凭主观臆断、推理、猜测和想当然的资料都不是独立存在的客观事物，不能作为经济责任审计证据。经济责任审计证据的客观性是审计证据能够佐证经济责任审计报告和审计意见的必备条件。

（2）相关性。经济责任审计证据的相关性是指用作审计证据的事实凭据及资料须与审计目标和印证事项之间有一定的逻辑联系。经济责任审计证据的先决特性是审计证据的客观性，但并不是所有客观真实的资料都能作为审计证据。事实和资料的客观性仅仅为其成为审计证据提供了可能性，而成为经济责任审计证据的必要条件则是事实和资料与应证明的审计事项有必然的联系。在经济责任审计工作中，有些真实客观的事实和资料是与审计事项相关联的，有些则与审计事项毫无联系。如果把那些与审计事项不相关，或者那些形式上有联系、实际上不具备相关性的事实和资料作为审计证据，就可能未真实反映审计事项。只有把与审计事项存在内在联系的证据作为审计证据，才能反映审计事项的真实情况，有利于得出正确的经济责任审计结论。

（3）合法性。经济责任审计证据的合法性是指审计人员必须依照审计准则和有关法规规定的审计程序收集审计证据。有些经济事实和资料，虽然能被证明具有客观性，并与审计事项具有相关性，但未依照规定的审计程序收集和取得时，均不能作为审计证据。在经济责任审计工作中规定必要的审计程序，是取得合法性审计证据的保证。

经济责任审计证据必须同时具备充分性和适当性,才能帮助经济责任审计人员对种类繁多的经济事实和资料作出正确的判断,防止主观性和片面性。

二、经济责任审计证据的分类

经济责任审计证据分类的目的,在于收集更合理、更有效、更具有证明力的证据,以达到较好的证明效果,从而有利于经济责任审计工作的顺利完成。经济责任审计证据按照不同的标准,进行多种分类。

(一)按经济责任审计证据的表现形态分类

按经济责任审计证据的表现形态分类,可以分为实物证据、书面证据、口头证据和环境证据。

1.实物证据

实物证据是指以实物的外部特征和内含性能来证明各种财产物资存在性和完整性的审计证据。实物证据主要用以查明实物的存在性、数量和计价的正确性,但无法证明实物所有权。实物证据本身具有很大的可靠性,所以实物证据具有较强的证明力。但应防止伪造和混淆实物证据,如应核实物资的所有权是否已经转移,有无外单位寄存的材料、产品等无所有权物资,以及有无经营租入的无所有权固定资产等情况,被审计单位必须对相关实物拥有所有权或控制权。

2.书面证据

书面证据是审计人员获取的各种书面形式的证据,如被审计事项的会计凭证、会计账簿和财务报表以及各种会议记录和合同,等等。经济责任审计工作过程中,数量最多的就是书面证据。书面证据来源比较广泛,有由被审计单位以外的单位提供,且直接送交经济责任审计人员的书面证据,如询证函等;有被审计单位自行编制并持有的书面证据,如工资发放表、会计记录、被审计单位声明书等;还有由被审计单位以外的单位提供,但为被审计单位所持有的书面证据,如银行对账单、各种发票等。

以下通过一个发票审计案例,展示领导干部经济责任审计中的异常发票及政府采购项目证据。

案例一

2021年1月,平江县审计局派出审计组,按照法定程序对招商局局长王某鹏开展任期经济责任审计。审计组采用AO审计系统筛查和定向核查的方法,对招商局的专项资金管理使用和被审计领导干部的廉洁从政情况进行了重点审计,从一张未盖章的发票入手,抓住招商局内控关键点缺失这一问题,揭露了招商局虚开发票套取资金等多个违纪行为,向纪委监察部门和政府采购主管部门移送案件线索 3 个、转送函 1 份。

一、未盖章学习考察费发票的背后有秘密吗?

审计人员利用计算机辅助审计筛查招商局会计凭证摘要时,发现局长王某鹏的报销记录多为培训和差旅支出,其中 2020 年 11 月一条摘要为"支出学习考察费 4 万元"的记录引起了审计人员的注意。按照经验,县级单位费用支出为整万元的情况很少,何况是如此大额的学习考察费。审计人员查阅对应会计凭证,后附的相关票据有 1 张某远方国际旅行社平江县下属机构开具的"学习考察费"税务发票和招商局转发的上级文件。文件反映,上级相关单位定于 2020 年 8 月 15 日至 8 月 17 日组团参加第九届香港科技金融博览会,并同时举办第六届某名特优农产品(香港)交易会,要求相关政府和招商局领导参加。文件载明了赴相关活动的时间安排和出行、食宿、交通指南,未统一出行方式。

既然上级文件未明确由远方国际旅行社带团出境,在中央八项规定出台后,招商局采用远方国际旅行社带团出境进行学习考察的方式是否违反规定?平江县政府又是如何批示的?审计人员继续查看招商局的会计凭证资料。资料显示,该县参加交易会的有县领导 1 人和招商局局长 1 人,共 2 人,经费由县政府拨款 4 万元给招商局作预备费,安排支出。2020 年 8 月 12 日,招商局局长王某鹏从单位借款 4 万元现金,预备用于参加交易会;2020 年 11 月 5 日,招商局局长王某鹏在招商局报销参加相关农产品交易会费用 4 万元,报销票据为某远方国际旅行社县级下属机构 2020 年 10 月 21 日开具的学习考察费发票 1 张,金额为 4 万元整。发票未盖收款单位的发票章。审计人员上网查证,发票为真实发票。但 2 人 4 天行程费用 4 万元,平均每人每天花费 5 000 元,这标准,是不是过高了?

为了解事情的来龙去脉,审计人员经过分析,决定先找招商局的计财股股长和办公室主任(兼出纳)谈话询问。二人均表示,局长王某鹏出行的行程,他们没有参与帮忙联系远方国际旅行社或办理交通出行、酒店住宿等事宜,也不知道其具体出行方式。局长王某鹏借款后,出行事宜由他本人自行安排。审计人员要求计财股股长提供招商局与远方国际旅行社的合同,计财股股长表示没有,称当年招商局长王某鹏报销费用时,他也要求提供,但没有得到回应。审计人员心里打了个问号,公务出行一般都是由办公室或财务室办理相关手续,局长王某鹏亲力亲为,是有什么原因吗?

审计人员找了招商局局长王某鹏进行问询,招商局局长王某鹏对这事倒是解释得很圆满:因为对香港不熟悉,所以全市几个县、区的出行人员一起组团,由远方国际旅行社安排所有行程事宜,费用为每人 2 万元,他和相关县领导需开支的费用由他现金缴款;远方国际旅行社是一团一合同,所以招商局没有单独获取出行合同。

为了证实招商局局长王某鹏的说法,审计人员试图通过发票开具一方的远方国际旅行社,查阅当年签订的合同文本、缴款金额和方式等。但远方国际旅行社方面以合同年限超过 3 年已销毁为由,没有提供合同,但提供了并非显示招商局局长王某鹏本人名字的 4 万元的现金缴款单。既然从远方国际旅行社找不到真相,审计人员向审计局领导汇报情况后,直接找当年一起出行的相关县领导了解情况。该县领导接待了审计人员,并讲述了相关情况。据悉,当年赴香港参加交易会时,经相关组织部门批准,增加了 2 天赴澳门的参观行程,而赴澳门属私人行程,之后其本人已向招商局局长王某鹏交清了私人行程费用,但具体数额已记不清楚。

审计人员了解上述情况后的第二天,招商局局长王某鹏自己找到审计组,提供了一份与远方国际旅行社签订的商务考察合同及其行程安排。合同表明,他们的香港之行实际有 2 天时间安排在澳门,属私人行程。但招商局局长王某鹏也将私人需付费用,计入了考察费用进行报销。

对招商局局长王某鹏涉嫌虚开发票套取资金的问题,平江县审计局将其移送纪检监察机关核查处理。招商局局长王某鹏将违规报销的 3.42 万元费用上缴纪检监察机关。纪委监察部门对相关问题依法进行了处理。

二、大量劳务费发票的背后有故事吗?

审计组从未盖章的发票顺利通过审核、报销这一情况,分析得出招商局的资金支出审核把关不严、内控存在缺陷的结论。如此看来,招商局的其他专项资金支出,是否也存在问题呢?审计人员利用 AO 审计系统对招商局的各项费用支出进行对比时,发现招商局"劳务费"支出占比较高,金额大,且报销经手人涉及招商局及附属机构多数职工。审计人员抽查了部分劳务费开支的票据,发现支出的票据均为到税务部门代开的务工发票,内容多为相关试验基地雇用人员的劳务费。招商局支付劳务费的收款人,绝大部分为招商局的经手人,但没有相应的劳务合同,没有雇佣人员的收款证明,没有使用劳务量的原始凭证。

审计人员讨论,招商局会不会是以"劳务费"名义变相发放职工福利?如何核实劳务费支出的真假?虚假劳务费有多少?经过讨论,一方面,审计人员结合个人谈话,询问招商局相关人员劳务费支出的内容、程序和方式。谈话结果反映,招商局在项目实施过程中确有聘请劳务人员的需要和事实,劳务费支出有包干使用的情况,但没有具体的标准和制度规定。

另一方面,审计人员将招商局 2019 年 5 月至 2020 年 12 月期间发生的所有劳务费按支出时间、劳务人员信息、劳务内容、经手人、金额等情况汇总整理,形成劳务费支出明细表。支出明细表显示,招商局 2019 年 5 月至 2020 年 12 月期间,在实施项目中支出务工人员劳务费用金额共计 83.90 万元。经核对发现,劳务人员中有多人多次出现,但发票却只提供了劳务人员的名字和身份证号,没有地址和联系电话等信息,给审计核查增加了难度。

审计人员没有气馁,把表格信息按人员、金额排序,将部分劳务人员身份证号提交公安部门协查家庭地址,再入户走访了解其参与招商局务工的情况。

审计人员分组多次辗转深入各乡镇、村屯寻找劳务人员,进行走访谈话,了解情况,掌握第一手资料。经抽查发现,招商局在支出劳务费用过程中,存在虚报务工人员套取劳务费、多报务工劳务标准套取劳务费、虚列劳务事项套取劳务费、未与务工人员签订劳务合同或签订虚假劳务合同等问题,问题涉及金额占抽查金额的39.44%。

平江县审计局认为,招商局支出务工人员劳务费用时,未能核实务工费支出原始单据,报销程序存在漏洞,存在虚报务工人员套取劳务费等问题,涉及招商局职工人员多、务工人员多、项目资金多。为此,将此问题移送了纪委监察部门核查处理。

三、印刷品的异地发票背后有隐情吗?

审计人员在分析招商局费用支出结构时,发现"印刷费"支出金额不大,都是用于相关培训教材的印刷。但审计人员在查阅纸质凭证时,却发现存在"印刷内容一致、印刷日期相近,但印刷地点不同,支付方式不同"的情况。既然在本地就可以印刷材料,且价格明显低于外地的价格,被审计单位为什么还要舍近求远呢?是印刷品质量不一,还是有其他深层次原因?

经查实,2020年12月,招商局开支相关培训教材印刷费用2.78万元,报销使用的发票为增值税发票2张,发票开具单位为剑门市某物资有限责任公司。审计人员利用税务网络系统查询时,系统显示该发票为"疑似假发票"。

审计人员对招商局相关人员进行了谈话调查,财务人员对这个公司并无印象,经手人员称时间太久记不清楚了。对当事人记不清楚的事,有必要通过外围了解真相。审计人员先收集了发票开具方剑门市某公司的详细信息,想了解该公司此笔业务的真实性,但已无法通过电话联系上该公司。同时,该公司的主管税务机关在剑门市,与平江县为非隶属管辖关系,审计人员多方联系剑门市国税部门,但并未能得到确凿的答复。为此,审计人员亲赴剑门市进行实地考察,但该公司已查无踪迹。审计人员再赴剑门市某区国家税务局核查,经查证,上述2张增值税发票信息与税务部门系统信息记录不符。由此,确定招商局在报账时多报销,涉及金额2.16万元。

对招商局在开展相关培训工作中,涉嫌使用虚假发票报销印刷品费用套取资金的问题,平江县审计局将其移送纪检监察机关核查处理。

四、政府采购项目的背后有玄机吗?

政府采购事项一直是审计关注的重点。招商局的专项资金大部分来源于上级拨款,主要用于相应专项补助。某物资采购工作由招商局负责实施。审计人员通过AO审计系统查询发现,招商局2017—2020年多次采购某物资,且有2个收款人出现较频繁。这引起了审计人员的注意。审计人员首先查阅了会计资料,会计凭证后附的材料表明,2017—2020年,招商局分别采用询价方式或竞争性谈判方式进行采购,但每次都是同样的3家公司进行报价或竞标。招商局提供了2017年、2018年的招投标文件。

审计人员拿出招商局提供的2018年某物资采购项目的招投标文件,文件显示采购代理机构为朔日公司。一本厚厚的文件,从采购申请表到成交合同,各环节的材料都很齐全、完整。既然有代理机构,审计关注的重点就放在了投标方的资质、报价材料,以及是否存在串标、围标行为等方面。

审计人员仔细翻阅投标材料。参与竞标的三家公司分别为:兰竹公司(法人:莫某林,男)、五星公司(法人:黄某,女)、成杰供销社(法人:黄某方,男),3家公司地址都在东海市,资质材料齐全、报价文本有明确差异,报价金额没有规律性,没有围标的迹象。如果没有任何猫腻,那为什么总是那2家公司中标?

审计人员再次细看公司投标材料,发现兰竹公司法人和五星公司法人的身份证地址相同。地址相同还比较正常,但是,连小区栋号、楼层号、房号都一样,那不意味着是一家人吗?审计人员根据两人年龄推测,2人应为母子,那成杰供销社的法人黄某方与五星公司的法人黄某会不会是兄妹关系呢?如果审计人员的推断成立,那事实就显而易见了。为了核实3人身份和3家公司关系,审计人员亲赴东海市公安部门、工商管理部门核查,很快证实了审计人员的推测:五星公司法人黄某与兰竹公司法人莫某林为母子关系,且二人互有各自名下公司的股份,互为股东;五星公司的执行董事为黄某,监事为莫某林。因五星公司的法人黄某和成杰供销社的法人黄某方独立成户已久,公安部门没能证实黄某和黄某方为兄妹关系。但从两人户口迁出地为同一村屯的事实推断,其二人至少是相识的。

经查,2015年的采购项目,中标方为五星公司。为了获得更充足的证据,审计人员继续查阅2014年的招投标材料,发现招商局2014年某物资采购项目的采购形式、参与竞标的3家公司,与2015年的项目一样。经查,2014年采购项目中标方为兰竹公司,合同已履行完毕。

另外,招商局2014年另行采用询价方式进行某物资采购,参与询价的3家公司为:兰竹公司、五星公司、F门市部(负责人零某冬为五星公司的员工)。中标方为五星公司。

因审计手段有限,审计人员没能对招商局相关人员与竞标人之间是否存在利益输送等问题进行追查。经研究,平江县审计局对招商局在政府采购过程中对竞标人资格审查存在失察,导致竞标人涉嫌串标的问题,转送财政政府采购监督部门核查处理。

3.口头证据

口头证据是指以视听资料,证人证词,有关人员的陈述、意见、说明和答复等形式存在的经济责任审计证据。它是以知情人陈述的事实来证明审计事项的真相。一般情况下,口头证据本身并不足以证明事物的真相,但经济责任审计人员往往通过口头证据发掘出一些重要线索,从而有利于对某些情况和事实作进一步的调查,以收集到其他更为可靠的经济责任审计证据。

4.环境证据

环境证据是指对审计事项产生影响的各种环境事实。如当经济责任审计人员获知被审计单位有着良好的内部控制系统,并且又一贯严格遵守各项规定时,就可认为被审计单位现行的内部控制系统为财务报表项目的真实性、合法性和公允性提供了强有力的环境证据。环境证据一般不属于主要的经济责任审计证据,但它有助于经济责任审计人员了解被审计单位、被审计事项所处的环境,是进行判断所必须掌握的资料。

(二)按经济责任审计证据的相关程度分类

按经济责任审计证据的相关程度分类,可以分为直接证据和间接证据。

1.直接证据

直接证据是指对审计事项具有直接证明力,能单独、直接地证明审计事项真相的资料和事实。如在审计人员亲自监督实物和现金盘点所得的盘点记录,就是证明实物和现金实存数的直接证据。经济责任审计人员有了直接证据,无须再收集其他证据,就能根据直接证据得出审计事项的结论。

2.间接证据

间接证据又称旁证,是指对审计事项只起间接证明作用,需要与其他证据结合起来,经过分析、判断、核实才能证明审计事项真相的资料和事实。

在经济责任审计工作中,单凭直接证据就能直接影响审计意见和结论的情况并不多见。一般情况下,在直接证据以外,往往还需要一系列的间接证据才能对审计事项作出完整的结论。当然,直接和间接是相对的,以凭证为例,会计凭证对于财务报表是间接证据,而对于会计账簿则是直接证据。

(三)按获取经济责任审计证据的来源分类

按获取经济责任审计证据的来源分类,可以分为自然证据和加工证据。

1.自然证据

自然证据是指经济责任审计人员在其审计过程中获得的不需要加工的资料和事实。自然证据既可以从被审计单位内部获得,如被审计单位的会计凭证、会计账簿、财务报表和记录等,又可以从被审计单位以外的单位或个人获得,如向外询证的复印资料和购货发票等。

2.加工证据

加工证据是指经济责任审计人员在审计过程中亲自对书面证据、实物证据等进行分析、整理、归类所形成的较系统和明晰的资料或事实,如应收账款函证回函、审计差异调整表等。加工证据的可靠性和证明力比较强,也无须再做过多的检查验证。但是,加工证据不可避免地存在着人为的不确定性,加工证据的质量主要取决于审计人员的业务水平和判断能力。

经济责任审计人员在审计过程中可以得到许多自然证据,但往往不足以使其对某些审计事项作出判断并提出意见。在这种情况下,经济责任审计人员设法形成更多的加工证据,以对审计事项作出判断,避免使审计意见由于缺乏足够的证据而失去公允性。

(四)按经济责任审计证据的重要性分类

按经济责任审计证据的重要性进行分类,可以分为基本证据、辅助证据和矛盾证据。

1.基本证据

基本证据是指对经济责任审计人员形成审计意见、作出审计结论具有直接影响的审计证据。如证明被审计单位财务状况好坏时,被审计单位的财务报表、会计账簿等就是基本证据。审计人员如果离开了基本证据,就无法提出审计意见和作出经济责任审计结论。

2.辅助证据

辅助证据作为基本证据的一种必要补充,是补充说明基本证据的证据。如要证明账簿记录的真实性,各种记账凭证是基本证据。而附在记账凭证后面的各种原始凭证是编制记账凭证的依据,它们补充说明记账凭证来证明账簿的真实性,因而它们是辅助证据。

3.矛盾证据

矛盾证据是指证明的方向与基本证据相反,或证明的内容与基本证据不一致的证据。如被审计单位财务报表上的"固定资产"是 10 亿元,而会计账簿的"固定资产"只有 9 亿元,那么就"固定资产"而言会计账簿就是财务报表的矛盾证据。如果有矛盾证据,经济责任审计人员必须进一步收集审计证据,并加以深入分析和鉴定,以肯定或否定审计证据间的矛盾。

三、经济责任审计证据的鉴定

经济责任审计人员采取一定方法取得审计证据以后,接下来的工作是根据审计目标选择适当的审计证据,也就是要对审计证据的强弱作出鉴定。

根据《中华人民共和国国家审计准则》(2011 年 1 月 1 日起施行,审计署令第 8号),衡量经济责任审计证据强弱的标准主要有真实性、重要性、可信性、充分性、适当性。

(一)经济责任审计证据的真实性

经济责任审计证据的真实性,主要是指审计证据所反映的内容是对客观存在的经济活动及其变化的真实描写。具体包括：

（1）经济责任审计证据必须是对经济活动完全真实的描写，不能在其中夹杂审计人员的主观意见。

（2）经济责任审计证据中的时间、地点、事实、当事人等都要正确无误。

（3）经济责任审计证据所描述的经济活动变化的环境、条件、因果关系也必须真实可靠。

（4）经济责任审计证据中各种数字、计量单位必须正确。

（二）经济责任审计证据的重要性

经济责任审计证据的重要性是鉴定审计质量的一个重要标准。审计证据的重要性与该审计证据影响审计结论的程度有关，重要的审计证据能影响审计人员作出经济责任审计结论，不重要的审计证据则不会影响到审计人员的审计结论，因此重要性也是经济责任审计人员决定审计证据取舍的标准。区分审计证据的重要性程度往往以价值（金额的大小）作为评价的依据。事实上，价值的大小只是重要性的一个方面，并不是决定审计证据重要性的唯一因素。除价值因素之外，还应考虑审计证据本身的质量问题。经济责任审计证据的重要性是相对的，没有一个明确的划分标准可以告诉审计人员什么是重要的，什么是不重要的。鉴定审计证据是否重要的最高原则是审计事项是否足以影响被审计单位财务报表使用者的判断。

（三）经济责任审计证据的可信性

经济责任审计证据因其来源不同，其可信性也不一样，证据的可信性与证据的来源有关。经济责任审计证据的可信性包括两个方面的内容：一是审计证据的来源必须可靠；二是审计证据本身是确实可靠的。

（四）经济责任审计证据的充分性和适当性

经济责任审计证据的充分性是对审计证据数量的衡量，是指审计结论具有说服力而使人们完全相信（不存在任何怀疑）时所需审计证据的数量。究竟需要多少经济责任审计证据才足够作为得出审计结论的依据？这在很大程度上取决于审计人员的主观判断和准备承担的审计风险。

经济责任审计证据的适当性是对审计证据质量的衡量，即审计证据在支持各类交易、账户余额、列报与披露的相关认定，或在发现其中存在重大错报方面具有相关性和可靠性。

经济责任审计证据的充分性（数量）与适当性（质量）密切相关。经济责任审计人员所需获取的审计证据的数量不仅受到重大错报风险的影响，还受到审计证据质量的影响。重大错报风险越大，需要的审计证据可能越多；审计证据质量越高，需要的审计证据可能越少。反之,对于需要证实的事项而言,仅仅靠获取更多的审计证据进行证据堆砌,可能仍然难以弥补审计证据质量上的缺陷,所以审计证据质量是关键。

经济责任审计人员应该明白,有些错误和舞弊是内部控制系统不能防止或觉察的,有些甚至是一般的审计程序也不能揭露的。为了克服不必要的经济责任审计风险,经济责任审计人员必须收集足够多的审计证据,但这并不意味着审计证据的数量越多越好。在许多情况下,量多质低的审计证据和量少质高的审计证据所起的作用基本相同。在决定需要多少证据才是充分、适当的这个问题上,经济责任审计人员应掌握的界限是:必须获得充分的审计证据去解答一位明智的人所可能提出的一切合理的疑问。也就是说,审计证据的数量要达到能"胜过合理的怀疑"这样一种程度,这时可认为审计证据是充分、适当的。

知识链接

《中华人民共和国国家审计准则》(节选)

(审计署令第 8 号)

第八十三条　审计人员应当依照法定权限和程序获取审计证据。

第八十四条　审计人员获取的审计证据,应当具有适当性和充分性。

适当性是对审计证据质量的衡量,即审计证据在支持审计结论方面具有的相关性和可靠性。相关性是指审计证据与审计事项及其具体审计目标之间具有实质性联系。可靠性是指审计证据真实、可信。

充分性是对审计证据数量的衡量。审计人员在评估存在重要问题的可能性和审计证据质量的基础上,决定应当获取审计证据的数量。

第八十五条　审计人员对审计证据的相关性分析时,应当关注下列方面:(一)一种取证方法获取的审计证据可能只与某些具体审计目标相关,而与其他具体审计目标无关;(二)针对一项具体审计目标可以从不同来源获取审计证据或者获取不同形式的审计证据。

第八十六条　审计人员可以从下列方面分析审计证据的可靠性:(一)从被审计单位外部获取的审计证据比从内部获取的审计证据更可靠;(二)内部控制健全有效情况下形成的审计证据比内部控制缺失或者无效情况下形成的审计证据更可靠;(三)直接获取的审计证据比间接获取的审计证据更可靠;(四)从被审计单位财务会计资料中直接采集的审计证据比经被审计单位加工处理后提交的审计证据更可靠;(五)原件形式的审计证据比复制件形式的审计证据更可靠。

来源和不同形式的审计证据存在不一致或者不能相互印证时,审计人员应当追加必要的审计措施,确定审计证据的可靠性。

第八十七条　审计人员获取的电子审计证据包括与信息系统控制相关的配置参

数、反映交易记录的电子数据等。

采集被审计单位电子数据作为审计证据的,审计人员应当记录电子数据的采集和处理过程。

第八十八条　审计人员根据实际情况,可以在审计事项中选取全部项目或者部分特定项目进行审查,也可以进行审计抽样,以获取审计证据。

第八十九条　存在下列情形之一的,审计人员可以对审计事项中的全部项目进行审查:(一)审计事项由少量大额项目构成的;(二)审计事项可能存在重要问题,而选取其中部分项目进行审查无法提供适当、充分的审计证据的;(三)对审计事项中的全部项目进行审查符合成本效益原则的。

第九十条　审计人员可以在审计事项中选取下列特定项目进行审查:(一)大额或者重要项目;(二)数量或者金额符合设定标准的项目;(三)其他特定项目。

选取部分特定项目进行审查的结果,不能用于推断整个审计事项。

第九十一条　在审计事项包含的项目数量较多,需要对审计事项某一方面的总体特征作出结论时,审计人员可以进行审计抽样。

审计人员进行审计抽样时,可以参照中国注册会计师执业准则的有关规定。

第九十二条　审计人员可以采取下列方法向有关单位和个人获取审计证据:(一)检查,是指对纸质、电子或者其他介质形式存在的文件、资料进行审查,或者对有形资产进行审查;(二)观察,是指察看相关人员正在从事的活动或者执行的程序;(三)询问,是指以书面或者口头方式向有关人员了解关于审计事项的信息;(四)外部调查,是指向与审计事项有关的第三方进行调查;(五)重新计算,是指以手工方式或者使用信息技术对有关数据计算的正确性进行核对;(六)重新操作,是指对有关业务程序或者控制活动独立进行重新操作验证;(七)分析,是指研究财务数据之间、财务数据与非财务数据之间可能存在的合理关系,对相关信息作出评价,并关注异常波动和差异。

审计人员进行专项审计调查,可以使用上述方法及其以外的其他方法。

第九十三条　审计人员应当依照法律法规规定,取得被审计单位负责人对本单位提供资料真实性和完整性的书面承诺。

第九十四条　审计人员取得证明被审计单位存在违反国家规定的财政收支、财务收支行为以及其他重要审计事项的审计证据材料,应当由提供证据的有关人员、单位签名或者盖章;不能取得签名或者盖章不影响事实存在的,该审计证据仍然有效,但审计人员应当注明原因。

审计事项比较复杂或者取得的审计证据数量较大的,可以对审计证据进行汇总分析,编制审计取证单,由证据提供者签名或者盖章。

第九十五条　被审计单位的相关资料、资产可能被转移、隐匿、篡改、毁弃并影响获取审计证据的,审计机关应当依照法律法规的规定采取相应的证据保全措施。

第九十六条　审计机关执行审计业务过程中,因行使职权受到限制而无法获取适当、充分的审计证据,或者无法制止违法行为对国家利益的侵害时,根据需要,可以按照有关规定提请有权处理的机关或者相关单位予以协助和配合。

第九十七条　审计人员需要利用所聘请外部人员的专业咨询和专业鉴定作为审计证据的,应当对下列方面作出判断:(一)依据的样本是否符合审计项目的具体情况;(二)使用的方法是否适当和合理;(三)专业咨询、专业鉴定是否与其他审计证据相符。

第九十八条　审计人员需要使用有关监管机构、中介机构、内部审计机构等已经形成的工作结果作为审计证据的,应当对该工作结果的下列方面作出判断:(一)是否与审计目标相关;(二)是否可靠;(三)是否与其他审计证据相符。

第九十九条　审计人员对于重要问题,可以围绕下列方面获取审计证据:(一)标准,即判断被审计单位是否存在问题的依据。(二)事实,即客观存在和发生的情况。事实与标准之间的差异构成审计发现的问题。(三)影响,即问题产生的后果。(四)原因,即问题产生的条件。

第一百条　审计人员在审计实施过程中,应当持续评价审计证据的适当性和充分性。

已采取的审计措施难以获取适当、充分审计证据的,审计人员应当采取替代审计措施;仍无法获取审计证据的,由审计组报请审计机关采取其他必要的措施或者不作出审计结论。

知识链接

东南海威运输集团股份有限公司经济责任审计管理办法

第一章　总则

第一条　为做好东南海威运输集团股份有限公司(以下简称"公司")所属单位领导人员经济责任审计工作,规范经济责任审计行为,提高经济责任审计质量,根据《审计法》(2006年修订)《党政主要领导干部和国有企事业单位主要领导人员经济责任审计规定实施细则》(2019年7月7日起施行),结合公司实际,制定本办法。

第二条　本办法所称经济责任审计,是指公司审计部依据国家规定的程序、方法和要求,对所属单位领导人员任职期间其所在单位资产、负债、权益和损益的真实性、合法性和效益性及重大经营决策等有关经济活动,以及执行国家有关法律法规情况进行的监督和评价的活动。

第三条　本办法适用于公司各部门及公司下属分公司、全资子公司、控股子公司(公司各部门、下属分公司、全资子公司、控股子公司,以下统称"单位")的经济责任审计管理。

第四条　经济责任的审计对象为公司各单位法定代表人或者不担任法定代表人但实际行使相应职权的主要领导人员。

第五条　经济责任审计分为离任经济责任审计、任中经济责任审计。

离任经济责任审计是指单位领导人员因任期届满，或者任期内办理调任、免职、辞职、退休等事项前，人力资源部门应当委托审计部门，对其进行经济责任审计。任中经济责任审计是指企业领导人员任期届满继续连任或者任期届满预计1年以内不换届调整的，以及任期5年内未开展经济责任审计的，根据人力资源部门的委托，组织开展的经济责任审计。

第六条　经济责任审计，原则上以任期时限作为经济责任审计期间，并以此确定审计和评价财务数据的期间数。

离任经济责任审计反映整个任职期间，之前已做过同单位同一领导干部的任中经济责任审计可不再重复审计。

在审计过程中，如发现有重大事项，需要进行追溯或延伸审计的，不受以上时间范围限制。

第二章　审计工作组织管理

第七条　经济责任审计应当有计划地进行。公司人力资源部门于每年第四季度提出下一年度经济责任审计委托建议，经公司分管领导审核，提交审计委员会批准后，纳入年度审计工作计划并组织实施。对于临时经济责任审计的需求，由人力资源部提出审计委托，报公司分管领导审批后直接实施。

第八条　经济责任审计实行组长负责制。由组长提名，经内部审计部门确认组成审计工作组，独立、客观、公正地开展审计工作。实施审计中，审计人员对审计和调查的情况随时做好记录，并且写好审计底稿，取证材料及其他附件要经被审计单位及经办人员签字盖章，使审计证据具有充分的证明力。

第九条　公司审计部门可以根据需要委托具有相应资质的社会审计组织实施审计，但应由审计部负责出具审计通知书、审批审计实施方案，并作出审计结果报告。

第三章　经济责任审计的主要内容

第十条　经济责任审计的主要内容有：

(一)遵守有关法律法规和财经纪律情况；

(二)企业发展战略规划的执行情况及其效果；

(三)有关目标责任制完成情况；

(四)重大经济决策、执行和效果情况；

(五)企业财务收支的真实、合法和效益情况，以及资产负债损益情况；

(六)国有资本保值增值情况；

（七）重要项目的投资、建设、管理及效益情况；

（八）企业法人治理结构的健全和运转情况，以及财务管理、安全生产、业务管理、风险管理等内部管理制度的制定和执行情况，厉行节约反对浪费和职务消费等情况，对所属单位的监管情况；

（九）在经济活动中落实有关党风廉政建设责任和遵守廉洁从业规定情况；

（十）对以往审计中发现问题的整改情况；

（十一）其他需要审计的内容。

第十一条　在实施经济责任审计时，应当同财务检查、相关业务部门监督检查相结合，在确保审计工作客观、公正的基础上，可以参考利用相关资料和检查结果，避免重复审计，提高审计工作效率。利用相关检查结果的，应当采用一定的审计程序进行适当的审计评估，以合理确认审计结论的真实性、可靠性和有效性。

第十二条　被审计单位应自接到审计通知书后按约定的时间要求将整改结果反馈到公司审计部门，公司审计部门根据被审计单位的整改报告，开展后续审计核查。

第十三条　公司相关部门和单位的主要负责人由其他领导干部兼任，且实际履行经济责任的，对其进行经济责任审计时，审计内容仅限于该领导干部所兼任职务应当履行的经济责任。

第四章　审计评价及责任界定

第十四条　公司审计部门对单位领导人员履行经济责任情况实施审计后，应当根据审计查证或者认定的事实，依照法律法规、国家有关政策和规定、责任制考核目标，对单位领导人员履行经济责任情况作出客观公正的评价。审计评价不应超出审计的职权范围和实际实施的审计范围。评价结论应当有充分的审计证据支持。

第十五条　经济责任审计根据领导人员职责，综合考虑发展基础、经营环境等方面因素，对领导人员任职期间的主要经营业绩和应当承担的经济责任进行较为全面、客观、公正的评价，并界定前后任领导人员的经济责任界限。

领导人员任期经济责任包括直接责任和领导责任。

（一）领导干部对旅行经济责任过程中的下列行为应当承担直接责任：

1.直接违反法律法规、国家有关规定和企业内部管理规定的；

2.授意、指使、强令、纵容、包庇下属人员违反法律法规、国家有关规定和企业内部管理规定的；

3.未经民主决策程序或者民主决策时在多数人不同意的情况下，直接决定、批准、组织实施重大经济事项，并造成国有资产严重损失的；

4.对有关法律法规和文件制度规定的被审计领导干部作为第一责任人（负总责）的事项、签订的有关目标责任事项或者应当履行的其他重要职责，由于授权（委托）其他领导干部决策且决策不当或者决策失误造成国有资产严重损失的；

5.不履行或者不正确履行职责，对造成的后果起决定作用的其他行为。

（二）领导干部对旅行经济责任过程中的下列行为承担领导责任：

1.主持相关会议讨论或者以其他方式研究，但是在多数人不同意的情况下直接决定、批准、组织实施重大经济事项，由于决策不当或者决策失误造成国有资产严重损失的；

2.参与相关决策和工作时，没有发表明确的反对意见，相关决策和工作违反有关党内法规、法律法规、政策规定，造成国有资产损失的；

3.疏于监管，未及时发现和处理所分管部门和单位发生重大违纪违法问题或者造成重大损失浪费等后果的行为；

4.除直接责任外，不履行或者不正确履行职责，对造成的后果应当承担责任的其他行为。

第十六条 审计评价时，应当把领导人员在推进改革中因缺乏经验、先行先试出现的失误和错误，同明知故犯的违纪违法行为区分开来；把上级尚无明确限制的探索性试验中的失误和错误，同上级明令禁止后依然我行我素的违纪违法行为区分开来；把为推动发展的无意过失，同为谋取私利的违纪违法行为区分开来。对领导人员在改革创新中的失误和错误，正确把握事业为上、实事求是、依纪依法、容纠并举等原则，经综合分析研判，可以免责或者从轻定责，鼓励探索创新，支持担当作为，保护领导人员干事创业的积极性、主动性、创造性。

第五章 审计结果运用

第十七条 审计报告在正式下发之前，审计组应听取被审计人员所在单位的意见，同时应将审计报告送交被审计人员，被审计人员应在接到审计报告之日起5日内向审计组提出书面意见，逾期即视为无异议。

第十八条 被审计领导人员及其所在单位应当根据审计发现的问题，落实有关责任人员的责任，采取相应的处理措施，在规定的时间内积极整改。根据审计建议，采取措施，健全制度，加强管理。

第十九条 经济责任审计结果报告应当归入被审计领导人员人事档案。

第六章 附则

第二十条 经济责任审计实施程序参照公司《内部审计管理规定》执行。

第二十一条 本办法未尽事宜或者与国家法律法规、上级主管部门有关规定和公司章程不一致时，按国家法律法规、上级主管部门有关规定和公司章程的规定执行。

第二十二条 本办法由公司审计部门负责解释。

第二十三条 本办法自 2021 年 10 月 27 日起施行。

二、经济责任审计证据的注意事项

(一)做好审计证据收集工作

审计证据是得出正确审计结论的根本所在,在审计证据收集过程中,审计组长要牢固树立证据意识,把好证据审核关,用挑剔的眼光审视证据,用怀疑的思维审核证据,在证据的获取途径、证据的证明力、证据的适当性与充分性上严格把关,这是保证审计质量的第一步。要坚持两个以上人员取证制度,排除不合法取证,完善有瑕疵的证据,补充充分性不足的证据,形成有效的证据链条,确保每一份证据都经得起历史检验,为得出正确审计结论提供有力的支撑。审计人员需要明确经济责任审计的重要性,实现可靠性与相关性的统一。

下面通过一个审计组以对领导干部守法、守纪、守规、尽责情况为重点的经济责任审计过程进行审计证据收集的案例进行说明。

案 例 二 ......

2021年,固原市审计局根据市委组织部的委托,对人防办原党委书记、主任李万林任职期间经济责任履行情况进行审计。在实施审计前组成4人审计组,其中,由副处长董方明进担任审计组长,主任科员叶志华担任主审,石文勇和唐万军为审计组成员。董方明进担任过审计主审30多次,审计经验丰富,叶志华以前主要从事计算机和档案管理,审计业务工作经验较少,石文勇是刚毕业两年的研究生,唐万军是从县审计局借调的人员。如何圆满地完成这次审计,对审计组全体成员是一个严峻的考验。审计组长董方明进感到压力很大。

审计组编制的审计实施方案经过分管局长批准后,审计人员根据各自分工,全面展开对人防办机关和下属事业单位的审计。审计组进点之后,先对人防办进行调查了解,为制定审计实施方案做好准备。除了《国家审计准则》(2011年1月1日起施行,审计署令第8号)和《党政主要领导干部和国有企事业单位主要领导人员经济责任审计规定》(2019年7月7日起施行)中规定的调查了解内容外,审计组还考虑了人防办特点,有针对性地开展调查了解,编制基本情况表、内部控制流程表、调查问卷表等,初步了解人防办基本情况。审计组充分利用各种信息资源,通过谈话、走访、实地观察、网上收集、行业比较和以往审计成果等多渠道了解人防办的相关信息。通过一系列的调查了解后,审计组将审计人员分头上交的调查资料集中起来,融会贯通,综合分析。审计组以李万林守法、守纪、守规、尽责情况为重点,以其任职的2019至2020年预算执行、其他财政财务收支以及有关经济活动的真实、合法和效益为基础,先审计了人防办及所属信息中心等 3 个二级单位的预决算及其他财务会计资料,查阅了李万林履行经济责任情况述职报告和人防办有关会议记录、纪要、合同等文件材料,听取了李万林和部分党组成员、总工程师、总会计师的意见,参考了审计机关对人防办的其他审计结果。

通过对人防办和 3 个二级单位 20 多天的审计,发现了未严格执行政府采购政策、下属单位未按竞拍价签订合同造成国有资产流失、未严格执行合同及时收缴国有资产收益、预决算编报不规范、超预算支出、挤占挪用专项资金、违规设置账外账、下属单位报销假发票、内部控制制度不健全执行不到位等方面的问题,并对李万林应承担的经济责任进行了取证和界定。

审计组处理完上述问题后,又把主要精力集中到对宏远公司审计上。审计组 4 名成员分为 2 组,先对 2020 年的财务收支进行审计。一组负责审计收入的完整性,主要通过将业务部签订的监理合同与财务部的收入发票存根进行比对、去有关业务单位延伸等方法,审查所有业务收入是否全部计入账内;二组负责审计支出的真实性和合法性,主要通过审核支出报销的票据、支出报销的内容和报销审批手续,审查资金支出报销是否真实、合法。一组通过审计没有发现收入方面存在大的问题。董方明进决定将一组的审计人员也充实到二组,进行支出方面的审计。

经过几天的审计,发现报销凭证中有不少假发票。董方明进召集审计组开会,谈谈下一步的打算。

叶志华抢先发言:"假发票报销是社会普遍现象,以前我们审计经常遇到,一般来说不会存在什么大问题,责令他们整改,加强管理就可以了。"

石文勇连连点头:"我也同意叶哥的意见。"

董方明进看着唐万军,"小唐你怎么看?"

"董处,假发票虽然是常见问题,但支付方式用现金,这两者结合起来考虑,漏洞就大了,宏远公司管理这么混乱,问题可能不会这么简单,还得往下查啊。"唐万军认真地说。

董方明进略作考虑后说:"这样吧,叶志华和石文勇你两个继续查支出,我和唐万军找人了解一下情况,看看有什么线索。"

董方明进和唐万军随机选定 4 名报销假发票的经手人进行询问,4 名经手人中有 3 人说不清楚报销发票的内容,脸上表情不自然,似有难言之隐。因为审计现场人多眼杂,多有不便,只好让他们回去。

2 天后,审计组又分别找那 3 人单独询问,晓以利害,在承诺为他们保密的情况下,3 人终于说出实情:他们签字的假发票都是总经理李东华事先准备好让他们签的,买的什么他们并不知情,报销的现金由李东华拿走,他们并不是真正的经手人。

"果然不出所料啊!我们可能要捉条大鱼了!"唐万军兴奋地说。"呵呵,看把你美的,哪那么容易。那么下一步该怎么做?小叶你说说看。"

"我觉得李东华作为总经理,冒别人的名进行报销具有得天独厚的条件,对他来说假发票和真发票没什么区别,所以我们下一步应调整思路,真发票也不应放过。"

董方明进赞许地点了点头:"你小子最近有长进啊!好,这样咱们下一步就将审计重点锁定在支出报销环节,并且扩大审计范围,对该公司2019年至2020年的单笔5 000元以上所有支出进行详细审查,不再判别发票的真假。"

叶志华和石文勇为方便查询和分析,设计了审计表格,将可疑发票的报销时间、凭证号、发票内容、发票日期、经手人等详细情况填入审计表格,以备查证。

审计组4人在国庆节期间用了5天的时间对3年的近千本会计凭证进行了详细的检查,填写报销记录700余条,涉及报销金额704万元,然后以经手人为关键字进行排序,将每个经手人报销的凭证信息集中打印在1张表上,以便于同经手人核对。审计组分别通知经手人来确认自己报销的凭证。经过几天艰苦细致的工作,经手人辨别后签字确认,704万元的支出中,除200万元是由经手人自己经手的外,其余504万元系李东华准备好了发票,让本公司职工谢某、王某等15人代签经手人,李东华领取的款项。

审计组根据审计实施方案确定的内容和实施步骤对宏远公司进行延伸审计,发现了宏远公司报销虚假发票的问题。在审计组紧锣密鼓进行查证的同时,李东华听到了风声,开始托关系找熟人向董方明进说情和探听情况,为稳住李东华,董方明进向中间人说只是例行检查,目前主要发现的是报销发票不合规问题,并婉拒了李东华的礼品和宴请。既然他有所觉察,审计组顺水推舟就部分审计疑点对李东华进行询问,李东华非常狡猾,说假发票是商家开给他的,他也不懂鉴别,财务部门也没提醒他,有一些是关系单位提供的,是给关系单位报销的业务提成和中介费,并向审计组提供了一份书面说明,说明其套取的现金有150多万元作为项目介绍费支付给了清河县两名私营企业老板薛某和于某,因为2019年至2020年该县所有的工程监理业务都是这两人介绍给宏远公司的,一共有500万元的业务,按35%提成,150多万元,并向审计组提供了二人的联系方式,要求审计组去调查核实。

"如果真如李东华所说,他虚假报销行为的性质就变了,审计组所做的一切也就没有意义了。"唐万军沮丧地说。

董方明进安慰唐万军:"别听他瞎掰,两个私营业主不可能有那么大的能量给他介绍那么多业务,其中必有蹊跷,我们决不能半途而废。"

唐万军要来信息中心同李东华签订的"协议",认真仔细地研究,认定该协议只是一份目标经营责任书,而不是承包经营责任书,推翻了李东华的"承包说"。但在这种情况下,认定其涉嫌经济犯罪的证据仍不足。至此,审计工作似乎陷入了僵局。

唐万军说:"李东华刻意掩盖实情,正说明他的心虚。"

"对,我们的审计方向是正确的,但现有的这些证据,证明力还不够。"董方明进说。

"董处,我们只能去延伸了,在宏远公司已经查不出更有价值的线索了。"叶志华说。

"好啊,你们研究一下先从什么地方入手,趁热打铁,尽快出去延伸。"

审计组研究分析后,决定先由资金流向入手,在上述报销的 504 万元支出中筛选出用支票付款的业务进行延伸检查,唐万军等人先去银行进行了查询。

一天下午 4 点多,唐万军和叶志华风风火火地回来了。

"有了重大发现!唐万军你快向董处汇报一下。"叶志华说。

唐万军拿出笔记本,清了清嗓子:"好,董处,我把调查的结果向大家汇报一下。我们前几天去中国农业银行延伸一笔宏远公司转账支付给圣阳物流公司的款项时,发现该笔资金转入董明山个人账户。经多方调查,董明山为李东华的司机,经询问董明山,董明山说没开过这个账户,只记得自己和公司出纳去中国农业银行办业务时,出纳借过自己的身份证。我们去银行查询了这个账户,该账户开立于 2020 年 10 月 18 日,当日现金存入 147 735.5 元,从宏远公司转账存入 3 笔,共计 177 434.5 元,经查核笔迹,存款人为公司出纳谢晓娜。经询问,谢晓娜承认是她借用了司机董明山身份证在中国农业银行开的账户,主要用于存放李东华的报销款项,银行卡掌握在李东华手中。我和叶科长查询了该账户支出情况,该账户款项全部被提走,其中 10 月 20 日转存李东华个人账户 232 517 元,24 日转存李东华个人账户 42 654 元,提现金 49 999 元。经核对笔迹,提款人为李东华。情况已经比较明朗,李东华嫌疑很大,董处你看下一步该怎么办?"

"你们认为该怎么办?"董方明进看着石文勇、唐万军等人。

"还能咋办!我看这些证据足够证明李东华涉嫌犯罪,现在就可以起草移送书将其移送司法机关处理,这家伙一看就不是个好人!"石文勇急着说。

唐万军说:"现在移送还为时过早,应进一步查证后再作打算。"

董方明进说:"言之有理,资金转入李东华的账户,并不能证明他据为己有或挪用,可能有多种情况和原因,要想证据确凿,必须进一步查清资金用途。"

为进一步搞清资金用途,审计组又多次去中国农业银行对转入报销款项的李东华账户进行了查询,截至 2020 年 10 月 19 日,李东华中国农业银行个人账户资金余额为 9 034.85 元(这一点很重要),10 月 20 日从董明山账户转入 1 笔资金 232 517 元(已认定为公款),当天李东华账户资金余额为 241 551.85 元,22 日至 23 日无交易,24 日从董明山账户转入 1 笔资金 42 654 元,24 日李东华账户资金余额为 284 205.85 元,25 日至 29 日无收支业务,10 月 30 日,POS 消费 1 笔 30 000 元,31 日 POS 消费 1 笔 18 148 元,11 月 1 日提取现金 20 万元。

现金没法再查下去,审计组决定对上述的几笔 POS 消费进行追查,唐万军和叶志华又去银联公司查询了李东华银行卡 POS 消费明细表,经查,李东华个人账户银行卡 2020 年 10 月 30 日 POS 消费 30 000 元,31 日 POS 消费 18 148 元,消费地点均在宏吉达投资有限公司。唐万军和叶志华带着介绍信马不停蹄赶到宏吉达投资有限公司(家居商场),找到公司负责人马总,出示工作证和介绍信说明来意,要求他们配合,公司负责人打了一通电话后说:"各位领导,实在不好意思,公司会计出差了,现在不在公司,要不你们过几天再来?"

唐万军知道这是托词,不想让查,但也不好点破。唐万军说:"马总,我们可以等,但根据审计法,任何单位和个人都必须配合审计机关的工作,如果有必要,我们还可提请工商、税务和物价等部门协助我们调查。"

2天后,宏吉达公司来电话说会计人员回来了,唐万军等人立即赶过去。这次他们非常配合,根据叶志华提供的 POS 消费信息,找出了记账凭证及附件。经查看原始凭证,发现李东华 10 月 30 日在该公司签订合同定购欧亚达沙发茶几等 59 000元,当日交纳订金 30 000 元,丛美林(李东华之妻)10 月 31 日在该公司签订合同定购欧亚达餐桌橱柜等 36 296 元,当日交纳订金 18 148 元,上述两笔资金均用李东华银行卡刷 POS 机支付,合同上载明交货地点均为黄金佳苑 N 号楼 1 单元 401 室,后经调查房产公司,该房系李东华购置的商品房。

审计组经过研究分析,认为资金转入李东华个人账户,并不能证明李东华犯罪,为了彻底弄清李东华套取资金的真实用途,必须进一步取证,经过审计组的内查外调,终于取得李东华套取公款用于自身消费的证据。审计组通过这种方式,陆续查明李东华用套取的资金为其本人购买家用电器、家具和住宅装修材料 30 多万元。

"终于逮住了李东华这条大鱼,这下我们可以好好休息几天了。"叶志华高兴地说。

"先别忙着休息,宏远公司是一潭浑水啊,怎么可能只有一条鱼呢? 咱们再撒两网看看能不能再捞几条小鱼小虾?"董方明进不紧不慢地说。

"可是,董处,咱们没有时间了,下个项目 5 天后就要进点了。"

"我知道。所以详查肯定不可能了,咱们可以利用上次填表的成果,不是还有经手人自己经手的 200 万元报销凭证吗,从那里面查可以缩小审计范围,节省审计时间。"

经过审核上述 200 多万元报销凭证,唐万军发现宏远公司负责东方市监理业务的李国庆 2020 年用假工资单报销 3 笔套取现金 17 万元,资金去向存疑,经询问,李国庆承认是李东华指使其用假工资单报销套取了现金 17 万元,他和李东华一起先后送给东方油田管理局工程处长崔某 12 万元、科长许某 5 万元,感谢他们在工程监理业务方面对宏远公司的照顾。审计组锁定了李东华的违法事实,经过进一步深挖,审计组发现宏远公司业务人员李慧丽等人伪造工资单套取现金送给有关人员。

(二)实现审计证据材料支撑经济责任审计责任界定

其一是需要对审计证据进行理性分析,可以通过归纳、判断等各项手段,明确履行经济责任的时间、地点等,将各项界限划分清楚;其二是需要对法律规定准确把握,要加强学习相应的法律知识,且在征求他人意见的时候要虚心接受,并且在审计过程中要正确使用法律条款;其三是需要完善经济责任审计责任界定的审计文书,理性分析与思考,形成工作记录,并与审计证据材料相对应。

第二节 经济责任审计工作底稿

一、经济责任审计工作底稿的概念

经济责任审计工作底稿,是指经济责任审计人员对制订的审计计划、实施的审计程序、获取的相关审计证据,以及得出的审计结论作出的记录。经济责任审计工作底稿是审计人员将在审计工作过程中所采用的方法、步骤和收集的用来证明审计事项真实情况的经济事实和资料等,按照一定的格式编制而成的档案性原始文件。经济责任审计工作底稿是审计证据的汇集,可作为审计过程和结果的书面证明,也是形成审计结论的依据。

审计人员从接受经济责任审计任务,确立审计对象,到提出审计报告,会经历一个较长的过程。这一过程实际上就是收集审计证据,编制审计工作底稿,进而作出审计结论的过程。经济责任审计人员在审计过程中,需要依照审计准则和法规规定的程序收集审计证据,审计证据的收集过程同时又是审计工作底稿的编制和整理过程。通过经济责任审计工作底稿的编制,把已收集到手的数量众多但不系统、没有重点的各种审计证据资料,完整无疑地和有重点地加以归类整理,经过经济责任审计人员适当的判断和推理,逐项验证审计结果,从而使审计结论建立在充分和适当的审计证据的基础之上。因此,开展经济责任审计工作应该正确地编制经济责任审计工作底稿,这是高效率、高质量地完成审计任务的重要条件,也是经济责任审计人员业务素质和知识水平的具体体现。

二、经济责任审计工作底稿的作用

编制经济责任审计工作底稿,对审计人员执行审计任务,明确经济责任审计人员的责任,保证审计报告的质量都具有十分重要的作用。

(一)有利于协调经济责任审计工作的衔接与统一

在执行具体的审计业务时,经济责任审计工作小组内部均有明确的分工。如何在分工的基础上协调统一,提高经济责任审计工作小组的工作效率,圆满完成审计任务,关键在于编好经济责任审计工作底稿。经济责任审计工作小组的成员借助审计工作底稿,如实记录审查过程中出现的问题,可以提醒审计工作小组中其他成员;经济责任审计工作小组负责人借助审计工作底稿,可以掌握全组情况,协调小组的工作,使之顺利进行;经济责任审计组织的负责人借助审计工作底稿,可以了解各审计工作小组的工作进展情况,有利于全面、系统安排审计工作。编制经济责任审计工作底稿还有利于工作衔接。在开展经济责任审计业务过程中,有的经济责任审计人员由于特殊原因不得不中途停止工作。借助审计工作底稿,接替这一工作的审计人员能较快地熟悉情况,避免因人员变动影响整个经济责任审计工作计划的及时完成。

(二)有利于经济责任审计工作质量控制

经济责任审计人员执行审计业务,必须拟订经济责任审计计划,并根据审计计划调查和评价内部控制系统,有序地实施审计程序并充分地指导和监督助理人员。但是,这一切只有在正确地编制经济责任审计工作底稿基础上才能完成。经济责任审计业务是否一开始就能按照审计计划执行,对审计人员的审计结论是否取得了必要、充分的证据,助理人员能否得到所指定的审计人员的有效指导和监督,进而正确地执行其承担的任务等有关审计业务的所有问题,在审计工作底稿中都有明确的记载。所以,经济责任审计人员可以根据经济责任审计工作底稿采取适当的措施控制审计工作质量,经济责任审计组织也可以根据审计工作底稿来检查审计工作质量,便于进一步提高经济责任审计工作质量。

(三)有利于考核经济责任审计工作业绩

经济责任审计工作底稿是审计工作情况的真实写照,通过对经济责任审计工作底稿的复核和检查,可以考核经济责任审计人员的工作业绩。如果没有审计工作底稿,仅凭日常观察,甚至只凭印象评价经济责任审计人员的工作,难免以偏概全,以致影响审计人员的积极性。有了经济责任审计工作底稿,审计组织的负责人就能据以对审计人员的工作业绩做出比较客观的评价。如考核审计人员的技术水平,审计组织负责人可以根据审计工作底稿,查阅其所使用的审计方法与采取的步骤、所发现的问题以及对问题的看法与建议等方面的记录。如果审计人员在工作底稿中记载的问题不实,在追究责任时,也有一个客观依据。经济责任审计工作底稿均有利于对审计人员工作业绩的考核,促使审计人员提高审计工作质量。

(四)编制、佐证和解释经济责任审计报告

经济责任审计人员提供的审计报告中所记载的任何事项必须有审计工作底稿上所包含的文字予以支持。经济责任审计工作底稿既是将审计人员的工作过程和审计

报告联系起来的纽带，又是被审计单位的会计记录和审计报告之间的桥梁。审计报告记载着审计人员对被审计单位的财务报表及其反映的财务状况所作的审计结论和审计意见，无论是审计结论还是审计意见，必须以充分和适当的经济责任审计证据作为根据，而这些审计证据均必须由审计工作底稿来提供，即经济责任审计报告中所需的资料全部来自审计工作底稿，如果没有审计工作底稿，就难以编制出审计报告。另外，由于审计报告的综合性和概括性的特征，决定了在审计报告中揭示问题的陈述意见不可能非常详细具体，有必要借助审计工作底稿加以补充说明。

（五）便于制定以后各期的经济责任审计计划

经济责任审计工作底稿能提供永久性的历史记录。审计工作底稿既记录着审计人员所采用的具体方法与步骤，也收集了被审计单位的一些重要资料，如股权结构、职工编制、内部控制系统状况等。这些信息不仅对于同一性质的审计事项具有参考价值，而且可给再次审计该具体审计事项提供指南，避免走弯路，便于掌握审计重点，提高审计工作效率。通常，被审计单位对审计组织审计业务的委托具有一定的连续性，因此，对某一被审计单位某一年度财务报表的审计所形成的经济责任审计工作底稿，能够为以后各期经济责任审计提供丰富的、具有重要参考价值的资料，可以作为制定以后各期审计计划的参考。

三、经济责任审计工作底稿的内容和格式

（一）经济责任审计工作底稿的内容

经济责任审计工作底稿可以以纸质、电子或其他介质形式存在。

经济责任审计工作底稿通常不包括已被取代的审计工作底稿的草稿或财务报表的草稿、不全面或初步思考的记录、因存在印刷错误或其他错误而作废的文本，以及重复的文件记录等。

经济责任审计工作底稿包括审计人员记录、编制和收集的与审计事项相关的资料和文件等。对于具体的审计事项，由于性质、目的、要求以及采取的方法不同，与之相应的审计工作底稿也不尽相同。经济责任审计工作底稿按其内容的稳定性和使用期限划分，可以分为当期档案和永久性档案。

基本内容经常变动，只供当期审计使用和下期审计参考的经济责任审计工作底稿的，列入当期档案。经济责任审计工作底稿中的当期档案包括组织管理、试算编报、金额验证、内部管理制度考核和综合分析等。

内容较少变动，具有长期使用价值，对以后审计具有重要参考价值的经济责任审计工作底稿应列入永久性档案。经济责任审计工作底稿中的永久性档案包括被审计

单位基本情况、章程、重要合同与协议副本、有关的内部控制系统副本等。

此外,经济责任审计工作底稿按其类型划分,可以分为工作事项表、内部控制测试表、试算工作底稿、调整底稿、分析表、计算表和备忘录等。这些审计工作底稿所包含的内容都各有侧重,各不相同。

(二)经济责任审计工作底稿的格式

经济责任审计人员编制的审计工作底稿(见表 3-1)应包括下列基本内容:

(1)被审计单位名称;

(2)经济责任审计项目名称;

(3)经济责任审计项目时点或期间;

(4)经济责任审计过程记录;

(5)经济责任审计标识及其说明;

(6)经济责任审计结论;

(7)索引号及页次;

(8)编制者姓名及编制日期;

(9)复核者姓名及复核日期;

(10)其他应说明事项。

表 3-1 经济责任审计工作底稿

被审计单位名称	××市人民政府		
审计事项	××市市长×××同志任期经济责任审计		
实施审计期间或者截止日期	××××年×月×日至××××年×月×日		
审计人员	李××	编制日期	20××年×月×日
审计结论或者审计查出问题摘要及其依据	经审计,××××年至××××年,××市在国有企业改革中收取的国有资产处置收益××万元未缴库纳入预算管理,直接安排用于一些部门和项目支出,影响了财政预算收支的真实性。其中:××××年安排××市国有企业改革经费补助××万元,市级国有改制企业离休干部住房补贴××万元,市水利局移交的下属企业的社会管理费补助××万元;××××年安排××企业贷款贴息××万元,借给××公司××万元。 上述行为不符合财政部、国家国有资产管理局、中国人民银行颁发的《国有资产收益收缴管理办法》(〔94〕财工字第 295 号)第五条"国有资产收益分别按下列情况收缴入库。……四、国有企业产权转让收入和股份有限公司国家股股权转让收入以及有限责任公司国家出资转让收入,由国有资产管理部门会同财政部门确认后上缴"的规定。		
复核意见			
复核人员		复核日期	

第×页证据附件(共×页)

经济责任审计工作底稿的格式和繁简程度是审计工作详简程度的具体表现,合理确定其格式和繁简程度是保证审计工作质量不可忽视的方面。在确定审计工作底稿格式以及内容的繁简程度时,应根据实际工作需要,针对不同情况,采用多种格式。下面就各种主要审计工作底稿的常见格式介绍如下。

1.工作事项表

工作事项表是以笔记方式记载经济责任审计过程中所发现的问题及疑点、线索、尚未查证事项的评语等。这些都必须在审计工作完成前予以澄清,并将处理经过或参考其他经济责任审计工作底稿的详情,在工作事项表中作充分说明。

2.内部控制测试表

内部控制测试表是将被审计单位内部控制的实施情况逐一列出,通过"是"或"否"的回答来评价被审计单位内部控制的完善程度和有效程度。测试表的设计往往是分门别类的,如以现金支出为标题设计一张测试表,这张表包括该项制度的控制目标、控制范围、由谁来控制、怎样控制,以及这项控制制度在整个制度中的重要程度等。

3.试算表工作底稿

试算表工作底稿(见表 3-2)是一张列有各分类账科目的金额、应调整的科目、调整的金额等的表格。

表 3-2　试算表工作底稿

被审计单位名称：　　　　　　　　编制人：
审计期间：　　　　　　　　复核人：　　　　　　　　底稿号码：

会计科目	原试算表记录		审计人员调整科目		调整后试算表	
	借	贷	借	贷	借	贷

4.调整工作底稿

经济责任审计人员对在审计过程中发现的被审计单位的重大会计处理错误都必须加以调整,如会计分录编制不正确应调整,成本计算不正确应调整。这类调整有的可在试算表工作底稿中得到反映,有的则难以直接说明。所以,经济责任审计人员除了编制试算表工作底稿外,还需编制调整工作底稿,这既是经济责任审计证据,又是被审计单位据以改正的依据。其格式常采用一般分类账登记方式,对需调整的事项逐笔记录并加以说明。

5.分析表、计算表

分析表和计算表是重要的经济责任审计工作底稿,涉及的内容主要是对异常事项的分析及重要数据的复算。例如,对账户的分析使审计人员确定账户的性质及内容是否正常,诸如债权类账户出现贷差、债务类账户出现借差等,经济责任审计人员对此类情况应详细分析发生差错的原因,并作出判断和评价。

6.盘点表

盘点表主要用于对财产物资的清查盘点,检查其账存数和实存数是否一致,并说明原因和理由。常用的盘点表有现金盘点表、材料盘点表和固定资产盘点表等。表3-3为经济责任审计物资盘点表。

表 3-3　经济责任审计物资盘点表

被审计单位名称:　　　　　　　　　　编制人:

审计期间:　　　　　　　　　　　　　复核人:　　　　　　　　　底稿号码:

编号	规格品种	计量单位	单价	账存		实存		盘盈		盘亏	
				数量	金额	数量	金额	数量	金额	数量	金额

原因分析:

　　盘盈:　　　　　　　　　　　　　　盘亏:

　　账外物资:　　　　　　　　　　　　其他:

经济责任审计负责人:　　　　审计员:　　　　会计主管:　　　　物资保管:

7.备忘录

经济责任审计过程中常遇到一些不能立即确定问题的性质或不能立即查明真相的情况,此时必须将问题先记录下来,待以后查证,以便在经济责任审计工作结束前加以处理。

四、经济责任审计工作底稿的编制

在中国,编制经济责任审计工作底稿的文字应当使用中文。少数民族自治区可以同时使用少数民族文字,政府审计机构执行涉外业务时,可以同时使用某种外国文字。

(一)经济责任审计工作底稿的编制原则

根据经济责任审计业务编制符合需要的审计工作底稿,这是审计人员执行经济责任审计业务的一项重要内容。为了保证审计人员编制的工作底稿符合审计业务要求,在编制经济责任审计工作底稿时应遵循如下原则:

1.完整性原则

经济责任审计人员对已经收集的被审计单位概况资料、经济业务情况、内部控制系统及会计记录等,连同自己制订的审计计划、审计程序、审计日程表以及所采用的审计步骤、审计方法,都必须逐项编入经济责任审计工作底稿。每份审计工作底稿的内容必须完整,如适当的标题、编制的日期、资料的来源及资料的性质等基本要素都不得遗漏。

2.重要性原则

完整性原则的目的在于保证经济责任审计资料的完整无缺,然而,并非所有资料对于经济责任审计报告都具有重要的意义。因此,必须根据审计资料的性质去芜存菁,并在审计工作底稿中明确注明资料的性质及其与审计报告之间的关系,使一些重要事实在审计工作底稿中处于突出的地位,便于编制经济责任审计报告和提出审计意见时加以运用。经济责任审计人员在编制审计工作底稿时,应首先注重所有的重要资料,对于可以用来证实会计记录的合法性、公允性,支持经济责任审计报告所载事项的各项资料必须列入审计工作底稿,而不重要的以及与审计事项没有必然联系的各种资料则可舍弃。

3.真实性与相关性原则

经济责任审计工作底稿是支持审计结论和审计意见的支柱。因此,经济责任审计工作底稿的真实性与相关性直接影响审计结论的可信性和审计工作的成败。为此,审计人员必须根据与审计结论和意见相关联的原则,将已确认为真实、客观的审计工作底稿,作为支持审计结论和发表审计意见的主要依据。

4.明确责任原则

经济责任审计工作底稿必须由审计人员、制表人签名盖章,并由审计项目负责人审批核实,以明确各自的责任。经济责任审计工作底稿是审计组织的内部工作资料,审计人员负有不向被审计单位和外单位泄露的责任。

(二)编制经济责任审计工作底稿的相关注意事项

审计组长是负责审计质量把关的"质检员",应及时对每份审计工作底稿和审计证据进行审核,严格考量审计工作底稿的完整性、真实性以及审计证据的适当性和充分性;对存在问题的底稿责成改正,对有瑕疵的证据进行完善和补充;对审计报告问题定性、引用的法律法规、处理处罚意见、移送案件线索都要认真斟酌,对审计执法的每一道程序严格把关,发挥审计组长"质检员"作用。一份较完整的经济责任审计工作底稿应该内容清楚、标题完整,一切资料来源均有说明;所列事项都应经过复核,而且有条理、有顺序、注意细节,重要事项和非重要事项有明确的区分。

为提高经济责任审计工作底稿的质量,审计人员在编制审计工作底稿时,应注意以下问题。

（1）对每一具体经济责任审计事项均应单独编制一份审计工作底稿，并在表头标明被审计单位的全称。

（2）所有经济责任审计过程中取得的审计证据、面谈询问过的人员、观察过的场所等，均应一一明确列示。编制人和复核者均应在审计工作底稿上签字，并注明日期。

（3）应编制一份工作备忘录，列明尚待解决的问题。因为在经济责任审计过程中，很可能会在追踪某一问题时发现其他问题，为使正在追踪的问题不被中断又不遗忘新发现的问题，经济责任审计人员有必要填制一份工作备忘录，将新发现问题先记录下来，再适时进行查处，使每个问题均无遗漏。

（4）为了便于查阅，经济责任审计工作底稿应编制索引，如表3-4所示。

表3-4　经济责任审计工作底稿索引

被审计单位名称		
审计项目名称		
审计工作底稿编号	底稿内容	页码
问题汇总及处理意见		
其他应说明问题		

汇总人：　　　　　日期：　　　　　　　复核人：　　　　　日期：

编制索引的方法因不同的政府审计机构而异，并无定式。通常，一列审计报告底稿，二列财务报表草稿，三列计划工作底稿，后列各种测算表、试算表等。

（5）经济责任审计人员在编制经济责任审计工作底稿时，对其中的问题要中肯地表述自己的意见。

（6）经济责任审计人员在提出审计报告后，审计工作底稿应归入审计档案，并妥善保管。

五、经济责任审计工作底稿的复核和保管

(一)经济责任审计工作底稿的复核

经济责任审计工作底稿由执行审计工作的人员填制后,负责人员必须进行复核。经济责任审计工作底稿是出具审计报告的依据,审计人员可据此作出审计结论和发表审计意见。因此,经济责任审计工作底稿如有错误,会导致审计结论和意见不正确、不合理。所以,审计组长对于审计工作底稿务必十分重视,进行复核,通过对经济责任审计工作底稿的复核,考核具体审计工作的质量。

复核的内容包括核实每一重要程序、步骤、数字,了解助理人员是否按规定的程序、步骤进行经济责任审计,审计的方法是否正确,作出的判断是否正确,结论表达是否清楚等。

(二)经济责任审计工作底稿的保管

审计工作结束后会有"整理归档工作阶段",《中华人民共和国国家审计准则》(2011年1月1日起施行,审计署令第8号)第189条明确,审计项目归档工作实行审计组长负责制。为此审计组长要当好"档案员",对审计工作中形成的文件材料要及时收集,妥善保管,为审计终结时立卷归档、审计结案等提供保证。在审计一线,尤其要加强重要审计底稿和证据的管理,防止丢失和人为篡改。同时对审计通知、审计方案、审计小组会议记录、征求意见报告、被审对象反馈意见,以及最终的审计报告、审计决定、移送处理书、文书送达回函、整改报告及证据全面收集归结。审计项目较大,有若干分组的,审计组长可以确定立卷责任人协助做好文件材料收集工作。审计组成员对各自的审计工作底稿和取证记录等审计文书资料进行整理归类,交由专人保管,待发出审计决定书3个月后,由专人进行整理,并按要求归档,统一送至相应级别档案室保存。

经济责任审计工作底稿有被审计单位一些尚不宜公之于众的信息和机密,这就要求政府审计机构和经济责任审计人员必须妥善保管审计工作底稿,防止泄密。经济责任审计人员应当按照政府审计机构质量控制政策和程序的规定,及时将经济责任审计工作底稿归整为经济责任审计档案。

在审计报告日后将经济责任审计工作底稿归整为审计档案是一项事务性的工作,不涉及实施新的审计程序或得出新的结论。经济责任审计工作底稿的所有权属于接受委托或委派进行审计的政府审计机构。对于保管期限届满的审计档案,审计组织可以决定销毁的必要手续。

思考题

1. 收集经济责任审计证据的方法有哪些？
2. 衡量经济责任审计证据强弱的指标有哪些？
3. 经济责任审计工作底稿有什么作用？
4. 经济责任审计工作底稿的归档、复核和管理有哪些要求？

第二部分

领导干部经济责任审计内容、方法、发现的常见问题及案例

第四章 贯彻执行党和国家经济方针政策、决策部署情况审计

(学)(习)(目)(标) ··

1.掌握贯彻执行国家重要经济方针政策、决策部署情况审计的重点内容

2.理解为了更好地运用贯彻执行党和国家经济方针政策、决策部署情况审计方法,必须强化的审计工作

3.了解贯彻执行党和国家经济方针政策、决策部署情况审计时发现的常见问题

党中央确定的所有大政方针和决策部署,关系到举国上下的发展蓝图,体现着党和国家工作的大局。这些年我们突出强调的经济建设大局、深化改革大局、社会稳定大局、保障民生大局、团结和谐大局等等,无一不是通过党的大政方针和决策部署来确立、展开和维系的。加强审计监督,保证中央重大决策部署贯彻落实,对做好领导干部经济责任审计工作具有十分重要的意义。

第一节 贯彻执行党和国家经济方针政策、决策部署情况审计的重点内容

国务院颁布的《关于加强审计工作的意见》(国发〔2014〕48 号)强调,审计机关要"加大审计力度,创新审计方式,提高审计效率,对稳增长、促改革、调结构、惠民生、防风险等政策措施落实情况,以及公共资金、国有资产、国有资源、领导干部经济责任履行情况进行审计,实现审计监督全覆盖,促进国家治理现代化和国民经济健康发展"。要把加强审计监督,保证党委、政府、党政部门、国有企业领导贯彻执行好党和国家有关经济方针政策和决策部署,促进领导干部推动本地区、本部门(系统)、本单位科学发展,推进国家治理体系和治理能力现代化作为审计工作的主要任务。

2019年7月,中共中央办公厅、国务院办公厅发布的《党政主要领导干部和国有企事业单位主要领导人员经济责任审计规定》第一章第三条指出,"本规定所称经济责任,是指领导干部在任职期间,对其管辖范围内贯彻执行党和国家经济方针政策、决策部署,推动经济和社会事业发展,管理公共资金、国有资产、国有资源,防控重大经济风险等有关经济活动应当履行的职责"。

依据上述政策法规,贯彻执行国家重要经济方针政策、决策部署情况审计的重点内容包括:

1.围绕上级制定的重大经济工作方针政策和决策部署,确定审计重点内容和对象

审查被审计单位对重大政策措施的贯彻落实情况,实务中常见的是被审计单位无实质性改变举措。

2.以资金、项目、政策和重大改革任务推进情况为重点

关注被审计单位是否制定具体的落实措施,相关落实措施的具体内容及其分解、组织落实情况、执行进度以及取得的实际效果等。实务中常见的是被审计单位以会议落实会议,未分解目标任务、无实质性举措。

3.审查上级重大政策举措是否落实、预定目标和效果是否按照预定的计划完成

实务中常见的是仅列示差异,对好的经验未总结,对未完成的未深入分析。

4.查找影响重大政策措施落地的关键环节,分析政策措施落实过程中面临的困难

及时发现有令不行、有禁不止的行为及出现的新情况、新问题,分析原因并提出建议,促进上级各项重大政策措施有效实施和发挥作用。实务中常关注禁止性行为的违反情况。

第二节　贯彻执行党和国家经济方针政策、决策部署情况审计的审计方法

经济责任审计小组可以采取召开座谈会、设立意见箱、公布联系电话、征求有关单位或个人的意见、进行民主测评等方式,了解与审计事项有关的情况。

贯彻执行党和国家经济方针政策、决策部署情况审计的方法主要包括检查、询问、外部调查、分析等。为了更好地运用以上方法,必须强化以下审计工作。

一、强化国家重大政策措施和宏观调控部署落实情况的跟踪审计

审计机关在保证党和国家有关经济方针政策和决策部署贯彻执行中要更好地发挥职能作用,就必须在审计工作中持续组织对国家重大政策措施和宏观调控部署落实情况的跟踪审计,推动政策措施贯彻落实,加强预算执行和其他财政收支审计,密切关注资金存量和增量,促进公共资金安全高效使用。

二、突出审计重点

加大对经济运行中风险隐患的审计力度,维护国家经济安全;加强对"三农"、社保、教育等重点民生资金和项目的审计,促进改善民生和生态文明建设;密切关注各项改革措施的协调配合情况,推动深化改革,切实维护经济秩序和促进廉政建设。

三、加强综合分析和审计判断工作

审计人员仔细研读国家颁行的政策措施,不断研究政策出台背景,把握政策意图,分析政策执行中出现的新情况新问题。深入分析各项政策之间的协调配合和实施效果,揭示政策落实过程中存在的问题或面临的困难。采用静态分析、动态分析、总量分析、结构分析等多种综合分析方法全面深入剖析政策措施落实和执行情况,找出具有普遍性和规律性的问题。积极评价政策执行的价值效应,从政策执行的真实性、政策结果的效益性方面进行考量,关注政策发布在社会实践中发挥的经济效益价值、社会效益价值和环境效益价值。

四、持续深化领导干部经济责任审计,推动履职尽责

审计机关紧紧围绕领导干部履行经济责任的情况,以领导干部守法、守纪、守规、尽责情况为重点,在审计党政领导干部和国有企业领导人员所在地区、部门和单位财政财务收支以及有关经济活动的真实、合法和效益的基础上,更加关注领导干部履行经济责任过程中贯彻落实科学发展观、推动经济社会科学发展情况,遵守有关经济法律法规、贯彻执行党和国家有关经济工作的方针政策和决策部署情况,制定和执行重大经济决策情况,与领导干部履行经济责任有关的管理、决策等活动的经济效益、社会效益和环境效益情况。结合廉政建设,不断深化领导干部经济责任审计,推动履职尽责。

第三节　发现的常见问题种类和定性处理依据

在贯彻执行党和国家经济方针政策、决策部署情况审计中,发现的问题多种多样,按照被审计对象的身份及违规类型,常见问题主要表现为以下五大方面。

一、地方党委和政府、行政事业单位主要领导干部,未根据本区域实际情况贯彻执行有关经济法律法规

定性处理依据:

1.相关法律

如《中华人民共和国预算法》(2018年修正)、《中华人民共和国企业国有资产法》、《中华人民共和国政府采购法》(2014年修正)、《中华人民共和国环境保护法》(2014年修订)等。

2.有关条例、规定

如《中国共产党巡视工作条例》、《中国共产党地方委员会工作条例》、《推进领导干部能上能下若干规定(试行)》、《党政领导干部考核工作条例》等。

二、地方党委和政府、行政事业单位主要领导干部,未根据本区域实际情况和有关规定,研究制定法规制度或政策措施

定性处理依据:

1.相关法律

如《企业国有资产产权登记管理办法》、《中华人民共和国循环经济促进法》(2018年修正)、《中华人民共和国政府采购法》(2014年修正)、《中华人民共和国环境保护法》(2014年修订)、《中华人民共和国土地管理法》(2019年修正)等。

2.有关条例、规定

《中国共产党地方委员会工作条例》、《中国共产党党组工作条例》、《企业国有资产监督管理暂行条例》(2019年国务院令第709号修正)、《法治政府建设与责任落实督察工作规定》、《国务院关于全民所有自然资源资产有偿使用制度改革的指导意见》等。

3.其他依据

如目标责任书、有关责任制考核目标,或者向社会作出的公开承诺,或有关部门的考核、巡视、检查结果。

三、地方党委和政府、行政事业单位主要领导干部，未严格贯彻落实国家宏观调控政策

定性处理依据：

1.有关法律

《中华人民共和国节约能源法》(2018年修正)、《中华人民共和国就业促进法》(2015年修正)、《中华人民共和国税收征收管理法》(2015年修正)等。

2.其他相关规定

《中共中央关于构建社会主义和谐社会若干重大问题的决定》、《全国国土规划纲要(2016—2030年)》、《关于统筹推进自然资源资产产权制度改革的指导意见》、《国务院办公厅关于保障性安居工程建设和管理的指导意见》、《法治政府建设与责任落实督察工作规定》、《关于实行党政领导干部问责的暂行规定》等。

3.其他依据

与本级党委和政府、上级有关主管部门签订的目标责任书，有关责任制考核目标，或者向社会作出的公开承诺，上级组织、纪检或有关部门的考核、巡视、检查结果。

四、国有企业、金融企业领导人员，未严格贯彻执行公司法、国有资产法等经济法律法规

定性处理依据：

1.有关法律

《中华人民共和国公司法》(2018年修正)、《中华人民共和国商业银行法》(2015年修正)、《中华人民共和国企业国有资产法》、《中华人民共和国企业所得税法》(2018年修正)等。

2.其他相关规定

《企业国有资产产权登记管理办法》《中共中央 国务院关于深化国有企业改革的指导意见》《国务院办公厅关于进一步完善国有企业法人治理结构的指导意见》等。

五、国有企业、金融企业领导人员，未严格贯彻落实国家系列宏观调控政策

定性处理依据：

1.有关法律

《中华人民共和国土地管理法》(2019年修正)、《中华人民共和国食品安全法》

(2021年修正)、《中华人民共和国中小企业促进法》(2017年修订)等。

2.相关条例、规定

《企业国有资产监督管理暂行条例》(2019年国务院令第709号修正)、《国务院办公厅关于加强和改进企业国有资产监督防止国有资产流失的意见》、《国务院办公厅关于建立国有企业违规经营投资责任追究制度的意见》、《中央企业负责人经营业绩考核办法》(国务院国有资产监督管理委员会令第40号)、《中共中央关于国有企业改革和发展若干重大问题的决定》、《国务院办公厅关于进一步完善国有企业法人治理结构的指导意见》、《党政主要领导干部和国有企事业单位主要领导人员经济责任审计规定》等;

3.其他依据

企业制定的中长期发展规划,纪检组织、国有资产监督管理、环境保护、审计等有关部门的巡视、考核、检查和审计结果,统计等权威部门公布的统计数据和结论。

第四节 贯彻执行党和国家经济方针政策、决策部署情况审计的案例

案例一

为进一步做好 A 地区 202×年贯彻执行党和国家经济方针政策、决策部署情况审计跟踪审计工作,根据省审计厅的审计实施方案,结合本地区实际,制定相关方案进行审计。

一、审计目标与要求

开展贯彻执行党和国家经济方针政策、决策部署情况跟踪审计,是党中央、国务院赋予各级审计机关的一项重大任务,是推动中央、省、市重大政策措施落实的重要举措,同时也是发挥审计在保障政策落实、维护经济安全、推动深化改革、促进依法治国、推进廉政建设的积极作用实现的必然要求。通过实施审计监督,揭示在重大政策措施落实中推动措施不力、目标任务完成差的问题,担当作为不够,不作为、慢作为、乱作为的问题,执行政策不严,缩水、打折、走样的问题;揭示重大决策失误、重大损失浪费、重大风险隐患等问题,严肃追责问责,依法依规处理。

通过实施审计监督,深入分析问题产生的成因,从健全完善体制机制制度层面等方面提出建议,促进稳增长、促改革、调结构、惠民生、防风险等政策的落地生根,促进 A 地区经济社会的全面发展和全市争上游、创一流目标的实现。

二、审计对象和范围

此次审计对象是 A 地区承担国家、省、市重大政策措施落实任务的 24 个直属部门和单位，审计范围是 202×年重大政策措施落实情况。通过审计以上部门和单位的经济责任履行情况，揭示相关领导干部经济责任履行情况。

三、审计内容、重点及分工

(一)推进"三去一降一补"重点任务完成情况

1.化解过剩产能方面

重点关注煤炭行业化解过剩产能情况，核实各有关部门任务完成情况，是否存在弄虚作假、虚报完成任务量套取中央、省市财政奖补资金等问题；检查化解过剩产能过程中企业兼并重组、债务处置、人员安置等政策执行情况，防止已经化解的过剩产能死灰复燃；抓住处置"僵尸企业"这个牛鼻子，关注是否存在违反国家政策规定，在处置过程中将"僵尸企业"作为市场化债转股对象等问题。(涉及煤管局、经商粮局等部门)

2.房地产去库存方面

重点关注房地产结构性去库存工作进展情况，检查有关部门通过实施金融、土地、财税、投资等政策，落实国务院、省政府化解房地产库存工作方案情况，抑制房地产泡沫；关注 A 地区农村进城转移人口购房补贴的发放情况，是否存在弄虚作假、虚报骗补的问题；检查 A 地区是否存在利用去库存政策在限制开发区域或禁止开发区域违规进行大规模高强度工业化城镇化开发的情况；关注全县土地出让收入及相关税费的收缴及使用情况。(涉及住建局、国土局)

3.去杠杆方面

关注地方政府性债务规模和结构变化情况，揭示政府性债务管理中出现的新情况新问题，如利用政府与社会资本合作等方式变相举债的问题，规范政府举债行为；关注政府债务方面存在的重大风险隐患，揭示和反映可能导致的区域性财政金融风险；关注企业去杠杆工作推进过程中，在企业兼并重组、资产负债管理、存量资产盘活、不良资产处置、股权融资、债务清理和整合以及企业破产清算过程中存在的问题。(涉及财政局)

4.推进"放管服"改革、降成本方面

检查行政审批事项、职业资格许可认定事项的取消或下放是否落实到位，是否存在明放暗不放、变相审批等情况，关注行政审批事项取消下放后，是否加强事中、事后监管，以及政府服务保障措施是否及时跟上；检查各有关部门对国务院、省政府统一取消、停征、减免涉企政府性基金和行政事业性收费的执行情况，尤其是中介机构利用政府影响力违规收费和行业协会强制企业入会或违规收费等问题；检查"13710"工作制度落实情况，关注 A 地区政府电子督办平台建设情况，是否建成"互联网＋政务服务"功能，实现服务事项"一号申请、一窗受理、一网通办"；关注各行业在法律法规

和国务院规定外,有无对建筑等行业或企业设置不合理准入限制;关注在支持企业多渠道融资、合理降低企业人工成本等方面采取的有效措施,是否真正激活了企业发展的动力。(涉及政务中心、市场监管局和质监局等部门)

5.促进精准扶贫精准脱贫、补短板方面

对省政府精准扶贫八大工程二十个专项行动进行跟踪审计,重点关注扶持对象精准、项目安排精准、资金使用精准、措施到户精准、因村派人精准、脱贫成效精准的"六精准"要求落实情况;检查特色农业扶贫、光伏扶贫、旅游扶贫、电商扶贫、易地扶贫搬迁等脱贫攻坚各项任务落实情况;检查贫困村贫困户各项社会保障和社会救助政策措施落实情况;检查贫困县涉农资金统筹整合以及分配管理使用情况,严肃查处假脱贫、"被脱贫"、数字脱贫等问题,促进精准扶贫精准脱贫政策取得实效。(涉及扶贫办等部门)

(二)促进重大民生、科技创新和资源环保等政策措施落实情况

1.易地扶贫搬迁任务完成情况方面

围绕搬迁计划编制、搬迁对象和方式确定、资金拨付使用、项目建设管理等各个环节,重点揭示搬迁项目前期准备不充分,搬迁任务和上级补助资金下达后市县仍未明确具体搬迁对象和方式,以及计划实施的集中安置项目因土地等原因不具备开工条件造成资金长期滞留、闲置等问题。(涉及扶贫办、住建局、农委等部门)

2.易地扶贫搬迁在建项目方面

重点关注项目建设审批手续是否完善、建设资金是否到位、项目建设是否顺利,有无项目建设资金不到位,项目进展缓慢、中途停工,形成"半拉子工程"等问题;对已完工项目,重点关注已建成住房的实际分配使用情况,有无因相关基础配套设施不完善、缺乏后续产业扶贫政策等原因,导致大量住房空置、入住率低等问题。(涉及农委、住建局、扶贫办等部门)

3.推进农业供给侧结构性改革方面

重点从财政支农支出着手,检查强农惠农政策的落实情况,反映影响农业增效、农民增收、农村增绿等方面的问题。(涉及农委)

4.补短板方面

检查卫生、教育、就业、社会保障等民生政策的落实以及公租房建设、生态环保、水利、新产业发展等全局性基础性战略性补短板任务的推进方面。(涉及卫健委、教科局、人社局、住建局、环保局、水利局等部门)

5.采煤沉陷区治理方面

采煤沉陷区治理审计内容重点与上述易地扶贫搬迁审计基本一致。审计范围是2016年以来特别是本年省下达市县采煤沉陷区治理任务的实际完成情况,重点揭示和反映全县在治理任务推进管理过程中存在的治理前期准备不充分、任务推进缓慢、虚报任务完成进度、资金使用效率不高,以及项目配套资金不到位、项目建设审批手

续不完善、项目建成后入住率低等问题,深入分析问题产生原因,明确责任主体,提出建议,推动采煤沉陷区治理惠民政策尽早实现预期目标。(涉及发改局、煤管局等部门)

6.养老院设施建设与服务、食品安全监管、农民工工资支付等方面

切实维护人民群众利益,促进民生改善。(涉及民政局、食药监局、人社局等部门)

7.科技创新驱动方面

围绕省政府《关于×省大力推进大众创业万众创新的实施方案》有关要求,了解全县是否结合地方实际,制定出台"双创"的具体落实措施,是否设立专项扶持基金,以及基金的规模及分配使用情况。(涉及教科局、中小企业服务中心、经商粮局等部门)

8.资源环境保护方面

揭示环保政策措施贯彻落实中存在的任务推进缓慢、专项资金筹集管理不规范、重点环境保护和治理项目设施建成后运营效果不佳等突出问题,深入分析原因,提出健全完善环境治理和保护相关配套政策、强化资金和项目建设管理、提高环保政策落实绩效的审计建议。一是关注控煤、治污、管车、降尘方面出台的政策措施,以燃煤发电机组超低排放改造、黄标车及老旧车淘汰为重点,揭示在资金分配和环境整治项目推进过程中骗取财政资金、克扣征地拆迁补偿资金等违法违规问题,以及国有资源开发利用过程中的重大安全隐患、破坏生态环境、造成环境污染等危害人民利益问题;二是关注在建的垃圾处理项目,加快推进牲畜和家禽养殖废弃物处理和资源化利用、冬季清洁取暖、城镇污水处理设施提标改造等与民生改善密切相关的问题。(涉及环保局)

(三)加快实体经济发展政策落实情况

根据省委、省政府和市委、市政府产业转型升级的有关政策措施、规划等,调查了解各有关单位转型项目"六个一批"总体情况,重点关注省、市转型综改重点项目、高科技项目推进情况,关注光伏发电、低热值煤发电项目推进情况,关注产业政策落实情况,揭示和反映政策落实不到位、项目进展缓慢、违规建设等方面的问题,提出审计建议,促进项目建设,推动转型发展。围绕省政府优化产业布局实施的"六大工程",关注化解产业结构性矛盾、促进传统产业自身转型升级政策措施落实情况。结合省政府提出的新一代信息技术产业发展规划,关注大数据发展政策措施制定、军民融合云计算等数据中心建设情况;结合市、县新兴产业发展目标,关注省政府、市政府确定的重点新材料项目、新能源示范区及新能源示范城市建设项目以及新能源汽车充电设施全覆盖建设等情况;结合企业技术改造"八大专项工程",关注推动传统产业与新技术、新工艺、新模式相互嫁接,促进煤基产业和原材料产业绿色清洁高效循环发展的政策措施落实情况。(涉及经商粮局)

(四)统筹财政资金使用管理情况

以促进财政做大增量、盘活存量、优化结构、提高绩效为目标,重点关注财政收支的真实合法效益、中央八项规定精神和国务院"约法三章"要求落实、"营改增"政策效

果、地方政府性债务管理、重大投资项目落地和重点专项资金绩效,促进预算安排更加适应供给侧结构性改革、降低企业税费、保障民生兜底的需要,提高财政透明度。(涉及财政局)

(五)推进重大项目建设情况

全面掌握全县基础设施建设总体情况,重点揭示重点项目在决策、建设、管理、执行政策运营等方面存在的主要突出问题,客观分析原因,注重从拉动地方经济发展、促进转型升级等体制、机制、制度层面方面提出建议。(涉及住建局、规划办、发改局、重点办等部门)

(六)金融政策落实情况

重点关注金融支持地方经济发展方面,特别是用于民生投入、支持"三农"、重点工程等逐年投放情况。地方金融机构改革方面,在强化监管的基础上,推动地方金融体制深化改革,因地制宜地引导和鼓励地方金融机构进行战略转型,并营造良好的地方金融生态环境。(涉及金融办、人民银行、信用联社等部门)

(七)跟踪审计发现问题整改情况

针对以前跟踪审计报告中提出的问题,各有关部门是否制定或完善相关政策,是否积极组织相关单位进行整改。已经整改的问题是否产生积极效果,重点关注未及时整改或整改暂时困难的问题,深入分析原因,找出问题节点,进一步揭示体制障碍和制度缺陷,提出解决问题的意见和建议。

四、组织领导与工作要求

(一)认真组织实施

此项审计在县委、县政府的统一领导和市审计局的业务指导下开展,各有关部门和单位要切实加强领导,主动配合审计监督,认真做好相关工作。各分管局领导和相关股室要承担起直接责任,学好相关政策文件,不仅完成好自身所承担的审计任务,而且要配合好其它股室。

(二)强化科学统筹

按照"大审计"工作理念,"大兵团"作战思维,精心组织实施,具体做到三个结合:一是与正在开展的维护核心、见诸行动主题教育有机结合,两促进两提高,把主题教育的成果转化为推进工作的动力,用审计监督成果检验主题教育的成效;二是与正在开展的"审计绩效提升年"活动有机结合,把审计价值提升、审计质量提升、大数据审计工程要求贯彻到审计实践中,提高审计监督为全县经济社会发展服务的水平;三是与其他审计项目开展有机结合,要统筹兼顾,合理安排,成果共享。

(三)建立长效机制

重大政策措施落实跟踪审计工作是一项长期任务,日常跟踪,季审季报。各有关单位要按照要求,及时报送有关情况,保证相关数据的真实性、完整性、合法性,依法支持配合审计监督。各股室既要建立与被审对象常态沟通的监督服务关系,抓好日常工作情况、报表资料的收集工作,做到胸有全局、心中有数,又要按照"1518"工作法要求,转变审计理念,创新审计方法,提高审计监督的及时性、针对性、实效性,确保圆满完成跟踪审计任务。

案例二

企业贯彻执行国家宏观经济政策与决策部署情况审计的思路与方法

一、企业贯彻执行国家宏观经济政策与决策部署情况审计分析的目标功能

通过对近年来党中央国务院有关国有企业改革的重大决策部署和该企业所在行业主管部门发布的有关行业政策、产业政策和企业会议纪要进行比对分析,核实被审计单位在贯彻执行国家宏观经济政策和重大决策部署及制定和执行经营发展战略与规划方面是否符合国家政策和相关制度规定。

二、所需资料

(一)宏观经济政策和重大决策部署方面

1.外部资料

即从企业外部获取的资料:

(1)近年来党中央国务院有关国有企业改革的重大决策部署;(2)该企业所在行业主管部门发布的有关行业政策、产业政策。

2.内部资料

即从企业内部获取的资料,包括但不限于:

(1)企业年度工作报告。根据《国有企业监事会暂行条例》(国务院令第 283 号)和《关于加强和改进国有企业监事会工作的若干意见》(国资发监督〔2006〕174 号)的要求,自 2006 年起,各中央企业每年向监事会报送《企业年度工作报告》。

(2)企业财务决算报告。包括决算报表及其附注、财务情况说明书、审计报告、管理建议书等等。

(3)企业向有关部门(如工信部、能源局、科技部等)报送的年度总结性文件。

(二)制定和执行经营发展战略与规划

1.企业制定的公司发展规划

包括总规划和专项规划(如主业、国际化、金融、财务、人力资源、建设、生产、营销、科技、信息化、安全应急、企业文化等)。

2.公司发展规划滚动调整情况

3.公司发展规划中提及的制定依据

如国家有关部门制定的行业产业发展规划等。

4.规划执行情况材料

如企业年度工作报告、企业财务决算报告、企业向有关部门(如工信部、能源局、科技部等)报送的年度总结性文件。

5.有关部门的认定文件

(三)完成责任制目标方面

1.关于经济指标

年度经营业绩责任书、企业负责人年度经营业绩考核与奖惩意见;任期经营业绩责任书、企业负责人任期经营业绩考核与奖惩意见。

2.关于节能减排

对于经过国家节能减排主管部门考核和监测的企业,国资委依据节能减排主管部门审查的相关数据核实中央企业任期节能减排考核目标完成情况;对于其他企业,国资委通过审核企业节能减排总结分析报告、现场核查、委托中介机构专项审计等方式,对中央企业节能减排目标完成情况进行审核确认。

3.关于安全生产

国资委将安全生产指标作为约束性指标纳入中央企业负责人经营业绩考核体系。

三、审计步骤和方法

(一)宏观经济政策和重大决策部署

1.审计步骤

(1)对于有明确的、可以量化的指标衡量的宏观经济政策和重大决策部署,审计人员可以通过比对、对标实现审计目标。如产业调整与振兴规划、自主创新、节能减排的有关内容就可以通过量化指标评判,再如土地(耕地)政策的有关内容可以通过"是"或"否"的方式判断其是否存在违反土地(耕地)政策的问题。

(2)对于那些没有办法采用量化指标衡量的、只能通过定性的方式进行评判的宏观经济政策和重大决策部署,审计人员需要进行分析判断,即通过研究政策出台背景和目标、与企业有关人员进行座谈、到有关主管部门了解情况等方式,综合判断企业贯彻落实情况。

2.审计措施与方法

主要的审计措施与方法包括检查、询问、外部调查、分析等。

3.评价指标

主要采取横向对标的方法,即按照国家有关部门对国有企业改革、产业调整和振兴规划、自主创新、节能减排、土地(耕地)政策、"走出去"战略、战略性新兴产业的有关要求,特别是一些具体性、针对性的指标,根据企业实际完成情况,来评价企业贯彻落实上述宏观经济政策和重大决策部署的情况。

(二)制定和执行经营发展战略与规划

1.审计步骤

一要检查制定经营发展战略与规划是否符合国家有关方针政策,就是要将企业发展战略与规划与其制定的依据,即国家有关部门制定的行业产业发展规划等相对照,审核是否符合国家有关方针政策,特别是行业产业发展规划中提及的约束性指标应重点关注,如《"十四五"现代能源体系规划》中对单位国内生产总值能耗、单位国内生产总值二氧化碳排放下降、煤电二氧化硫排放系数、煤电氮氧化物排放系数都提出了约束性要求。

二要检查经营发展战略与规划执行过程是否符合国家有关方针政策,将企业的经营情况如企业年度工作报告等与企业发展战略与规划相对照,审核是否存在执行中"跑偏"的问题。

2.审计措施与方法

主要的审计措施与方法包括检查、询问、外部调查、分析等。

3.评价指标

是国家有关部门制定的行业产业发展规划,包括定性指标和定量指标。如《"十四五"现代能源体系规划》中对单位国内生产总值能耗、单位国内生产总值二氧化碳排放下降、煤电二氧化硫排放系数、煤电氮氧化物排放系数的定量指标。

(三)完成责任制目标

1.审计步骤

根据国资委认定的相关经济指标、节能减排和安全生产等责任制目标完成情况,进行审核、比对。

2.审计措施与方法

主要的审计措施与方法包括检查、询问、外部调查、分析等。

3.评价指标

采用国资委等相关部门的认定结果作为评价指标。

4.注意事项

关注责任制目标的全面性,切勿漏、缺、少。经济指标、节能减排、安全生产等责任制目标完成情况基本类似。

思考题

1.依据有关政策法规,贯彻执行国家重要经济方针政策、决策部署情况审计的重点内容包括哪些?

2.贯彻执行党和国家经济方针政策、决策部署情况审计方法主要包括检查、询问、外部调查、分析等。为了更好地运用以上方法,必须强化哪些审计工作?

3.贯彻执行党和国家经济方针政策、决策部署情况审计,常见问题有哪些?

第五章 重大经济事项的决策、执行和效果审计

学习目标

1.了解重大经济事项的决策、执行和效果审计的重点内容

2.掌握重大经济事项的决策、执行和效果审计的方法

3.认识重大经济事项的决策、执行和效果审计实践中发现的常见问题种类及常用法律法规

4.结合案例理解重大经济事项的决策、执行和效果审计的应用

第一节 重大经济事项的决策、执行和效果审计的重点内容

习近平总书记在中央审计委员会第一次会议上指出,审计机关要依法全面履行审计监督职责,促进经济高质量发展,促进全面深化改革,促进权力规范运行,促进反腐倡廉。

经济责任审计工作要围绕这一目标要求,突出审计重点,重大经济事项决策、执行和效果审计就是要抓住重大资金分配、资产处置、公共资源交易等重要领域和关键环节,揭示存在的问题,促进权力规范运行和反腐倡廉,推进国家治理体系和治理能力现代化。

因此,重大经济事项的决策、执行和效果审计根据被审计对象的不同,围绕以下重点内容展开。

一、地方各级党委和政府主要领导干部重大经济事项的决策、执行和效果审计

主要是指被审计领导干部任职期间在产业、财税、土地矿产、城市规划、金融、基建、国企改革等领域主持制定重大经济决策制度及其执行和效果的情况。

重点内容：

1.重大经济决策制度的建立健全情况

包括是否制定本级党委政府工作规则、议事规则等重大经济决策制度,是否对重大经济决策的程序、范围、权限和标准作出明确规定,是否建立健全决策失误纠错机制和责任追究制度及责任倒查机制,制定的经济决策制度是否符合国家法律法规。

2.重大经济决策制度执行情况

包括决策内容是否合规合纪合法,决策程序和权限是否合规,决策事项是否经过充分论证等。

3.重大经济决策执行效果情况

包括重大经济决策事项是否按期完成、是否实现预期目标,是否因决策不当或者失误造成损失浪费、环境破坏、风险隐患等。

二、党政工作部门等单位主要领导干部重大经济事项的决策、执行和效果审计

主要是指被审计领导干部任职期间在部门基本建设、资产采购、资产处置等领域主持制定重大经济决策制度及其执行和效果的情况。

重点内容：

1.重大经济决策制度的建立健全情况

包括是否制定重大经济决策制度,是否对重大经济决策的程序、范围、权限和标准作出明确规定,制定的经济决策制度是否符合国家法律法规,是否将预决算管理、基本建设大额对外投资、大额物资采购、大额资产处置、大额资金使用等重大经济事项纳入决策范围。

2.重大经济决策制度执行情况

包括决策事项是否经过充分论证,决策程序和权限是否合规,决策内容是否合规合纪合法等。

3.重大经济决策执行效果情况

包括重大经济决策事项是否按期完成,是否实现预期目标,是否因决策不当或者失误造成损失浪费、环境破坏、风险隐患等。

三、国有企业主要领导人员重大经济事项的决策、执行和效果审计

主要是指被审计领导干部任职期间,"三重一大"决策事项中重大事项决策、重要项目安排、大额度资金运作事项的决策制度及其执行和效果情况。

重点内容:

1.重大经济决策制度的建立健全情况,包括是否制定相关制度,是否对决策程序、范围、权限作出明确规定,是否符合国家法律法规;

2.重大经济决策制度执行情况,包括决策内容、程序和权限是否合规等;

3.重大经济决策执行效果情况,包括决策事项是否完成、是否实现预期目标,是否因决策不当或者失误造成损失浪费、环境破坏、风险隐患等。

第二节　重大经济事项的决策、执行和效果审计的方法

一、原则方法

原则方法是指审计人员在审计实践工作中看问题和处理问题的思想方法,这是指导审计工作开展的原则。实践证明,唯物辩证法是唯一科学的认识论和方法论,只有坚持唯物的观点和辩证的方法才能正确地认识被审计事项,提高经济责任审计工作水平。

原则方法主要把握以下五个方面:

(一)一切从实际出发,实事求是,客观公正

在实际操作中,必须多做调查研究,防止主观性,切忌偏听偏信。经济责任审计与一般常规性审计业务等不同,主要是通过审计、评价领导干部任期内经济责任履行情况,以及守法、守纪、守规、尽责情况,为干部考核、任免和奖惩提供依据。审计、评价、定责是否全面、准确、客观,事关干部选拔任用、改革发展大局、审计工作质效。因此,审计工作如果做到了依法审计、客观求实,就能够树清风扬正气,调动领导干部建功立业积极性,营造风清气正的政治生态;反之,如果做得不好,该发现的问题没发现,就可能走过场、流于形式,放过违法乱纪行为,或者因定性定责不准、处理处罚失当而挫伤领导干部的积极性,影响改革发展事业的推进。

(二)透过现象看本质

以领导干部"权力运行"和"责任落实"为重点,加强对重大政策、重点领域、重点岗位、重大项目、重要环节的审计监督,要擅于思考,举一反三,透过现象看本质,坚持问题导向,揭露重大问题和潜在风险隐患。做到业绩评价全面客观,问题定性客观求实,责任界定务求精确,审计取证充分有效,附件资料简洁明了,保证审计报告、审计底稿、审计取证和附件资料相互对应一致,确保审计项目质量。

(三)坚持全局观点,防止片面性

按照"三个区分开来"原则,立足全局,正确对待和分析问题,并客观公正地评价。"三个区分开来"是指:要把干部在推进改革中因缺乏经验、先行先试出现的失误和错误,同明知故犯的违纪违法行为区分开来;要把上级尚无明确限制的探索性试验中的失误和错误,同上级明令禁止后依然我行我素的违纪违法行为区分开来;要把为推动发展的无意过失,同为谋取私利的违纪违法行为区分开来。

(四)坚持发展的观点,历史地看问题

重大经济事项决策执行和效果审计的时间范围因人而异,有的任期时间长,可以完整地体现决策、执行、效果全过程,有的任期时间短。现实中同一类问题的处理结果往往因政策变化而有所不同,这就说明必须用发展的观点、历史地看待有关问题。对过去的事实应用当时的标准,对目前的行为,就必须使用现行的标准,对于任期时间短的,特别要应用发展的观点看待问题。比如领导干部在任职期间用于资本性、公益性的投资,在当时的情况下由于时间短,还没有取得可观的经济效益,但在审计中必须给予实事求是的评价,揭示其可能带来的经济效益和社会效益。

(五)坚持独立的观点,勇于揭露问题

审计监督作为党和国家监督体系的重要组成部分,是一种相对独立的较高层次的监督,按照宪法的规定,国家审计机关依照法律规定独立行使审计监督权,不受其他行政机关、社会团体和个人的干涉。重大经济事项的决策、执行和效果审计涉及内容复杂,影响面广,只有坚持审计的独立性,才能做到审计的真实客观性。因而广大审计人员面对复杂的社会现实,要排除各种干扰,勇于揭露矛盾和问题。

二、重大经济事项的决策、执行和效果审计技术方法

重大经济事项的决策、执行和效果审计是经济责任审计的重要组成部分,是一项综合性审计工作,涉及知识面广,并且关乎国计民生等重要领域,因此在具体审计过

程中,需要制定科学的审计方案,运用多种审计技术方法。按照《国家审计准则》,取得审计证据的基本方法主要有检查、观察、询问、外部调查、重新计算、重新操作和分析七种。在实践操作中,主要使用以下方法:

(一)列出重大经济事项的决策、执行和效果清单

实践操作中,首先要求被审计单位提供本单位重大经济事项决策清单,一般都是以文件形式明确。审计人员核查其完整性和全面性,然后根据被审计领导干部具体工作岗位梳理出被审计领导干部任期内重大经济事项实际决策清单。实际决策清单编制步骤如下:

第一步,通过查阅该领导年度述职报告、领导干部个人及单位三年工作总结、党组会议记录、相关文件等整理取得原始资料。现代审计中还可以利用大数据手段通过互联网以及 Python 等相关技术取得与被审计领导干部和单位在审计期间做出的与重大经济事项决策相关的内容,如国有资产出让、重大资产转让、重要对外投资等资料。准备好原始资料后,需要审计人员梳理列出该领导干部任期重大经济事项实际决策清单(行政版)。

第二步,通过审阅单位财务资料和相关账簿报表、文件凭证排查整理出该领导干部任期重大经济事项实际决策清单(财务版)。

第三步,将以上两个版本清单对照梳理,去除重复内容,整理出该领导干部任期重大经济事项决策实际清单(正式版)。

第四步,将实际清单与单位提供的决策清单比对,综合考虑审计谈话、审计举报、收集到的和单位自行提供的该单位近三到五年来巡视巡察以及纪检监察工作问题线索等资料,确定审计重点。

(二)针对领导干部任期重大经济事项决策清单所列事项和确定的审计重点,制定具体审计措施,实施审计过程

其间用到的主要技术方法如下。

1.审计检查

(1)审阅法

主要是对被审计单位的会议记录、文件、凭证、账簿、报表以及其他原始记录的审阅。通过审阅,找出问题和疑点,作为审计线索,据以确定进一步审计的对象和方法。审阅时,还应与其他审计技术方法(如核对、分析等)结合起来使用,以取更好的审计效果。

其中,会议记录和重要文件的审阅重点关注有无突击记录和补发文件等情况,制度性文件是否具备可操作性,是否存在流于形式的问题,关键节点是否经过可行性论证,"三重一大"讨论过程中是否存在异议,异议是否得到解释和绝大多数决策人员认可,既要注重合规性,也要适当关注合理性。

其他原始记录虽然不是审计资料的重要部分,但有时也可作为审计线索,从中发现一些问题。

(2)核对法

核对法是指审计资料之间的相互核对。通过核对,以证实双方记录是否相符、账实是否一致,如果发现有不符情况,应进一步采用其他审计方法进行跟踪审计。核对法是查实数据、揭露问题、发现弊端的重要手段,是防止弄虚作假、贪污舞弊的重要方法。

(3)调节法

调节法也称调整法,指审计人员更正检查中所发现的被审计单位错误事项的一种审计方法。因为重大经济事项决策执行效果审计要全面反映重大事项决策的真实结果,应对审计中发现的不一致时间、事项、错误进行还原调整,其中如有问题,可作为审计线索,进一步查证核实。

(4)顺查法

它是按照行政或财务业务处理程序进行审查的一种方法。此法优点是不容易发生疏忽、遗漏,其审计结果比较精确扎实;缺点是工作量大,主攻方向不清楚,人员分工不明确,不利于提高工作效率、降低审计成本。对于内部控制制度不健全、账目比较混乱、存在问题较多或业务量不大的行政事业单位较为适宜。

(5)倒查法

它是按照行政或财务处理流程的相反程序进行审查的一种方法。此法的优点是节省审计时间和人力,提高工作效率和降低审计成本;缺点是要求审计人员必须具有一定的分析判断能力和实际工作经验,否则影响审计的效果。

(6)详查法

是对被审计单位一定时期内的全部资料(包括凭证、账簿和报表)进行详细的审核检查的方法,以判断、评价重大经济事项合法性、合规性,以及资料的真实性和正确性。

此法的优点是容易查出问题,审计风险较小,审计结果比较正确;缺点是工作量大,审计成本较高。实际工作中对问题严重、群众反映强烈的单位,或较小规模的单位比较适用。

(7)抽查法

是指对审计资料只抽查其中一部分,以其抽查的结果来判断全部经济活动的合法性、合规性和资料真实性、正确性。抽查的关键是抽样。

如果通过抽样审计没有发现任何问题,则对其他部分或其他时间的账目不必再进行审查。反之,则应扩大抽查的范围或改用详查法。此法的优点是可以减少审计的工作量,可以节约人力和时间;缺点是如果样本选择不当,就会使审计人员作出错误的结论,有一定审计风险。

(8)重新计算法

是指对审计资料的数字重新计算,以验证其是否准确无误的一种方法。此方法虽较机械、烦琐,但意义重大。因为数字计算错误或故意歪曲计算结果,将对审计结果正确性产生重大影响。

（9）盘点法

审计盘点,是指审计人员对财产物资的实地清查盘点,在任期经济责任审计实践中,审计盘点大都采取先由被审计单位组织人员自查,而后由审计人员对货币资金或账面资产进行全部盘点或抽查的方法。此方法比较常用于领导干部任期重大经济事项决策中的重大资产处置等事项核查。

2.审计分析

（1）比较分析法

比较分析法亦称比较法、对比法、对比分析法,是审计分析的一种基本的方法。它是对审计事项中相互联系的或相同内容的经济因素,从发展变化上进行对比分析,以揭露矛盾、找出差距、寻求解决途径的一种审计分析的方法,也是取得审计证据的一种方法。

重大经济事项决策执行和效果审计中常用的比较分析法有:一是将被审计领导干部报告期实际完成的指标与计划指标相对比,分析其计划完成情况;二是把被审计领导干部单位报告期的实际数与上期,或上年同期以及前两年同期,或历史上最好水平对比,用以分析研究其各经济因素的变化情况和发展趋势;三是将被审计领导干部单位报告期的实际指标与同类型行政区域、部门单位和企业的先进指标比较,以便找出差距,挖掘潜力,为其今后的发展指明方向。应用对比分析,首先应注意两者的可比性,否则,就不会得出正确的结论。

此方法作为任期经济责任审计的一种审计方法,既可以通过比较分析被审计项目变动是否正常,从中发现问题和线索,以便采用其他审计方法作进一步审计;又可以通过比较分析对领导干部的重大经济决策执行和效果作出正确的评价,提出合理的建议和有效的改进措施。

（2）比率分析法

比率分析法是指审计人员通过两个性质不同,但又相关的指标间的比率关系进行比较分析,或利用这种比率关系对有关项目进行测试的一种审计分析方法。如要评价被审计单位的经济效益情况,可通过利税额与资金之间的比率关系,即资金利税率来进行分析。对投入产出比率等比率进行分析,可以对被审计单位经济活动是否合理、有效等作出分析判断,给以客观正确的评价。

比率分析法在重大经济事项的决策、执行和效果审计工作中的应用比较广泛,主要在以下两个方面:一是利用计划比率(任务比率)、上年比率同被审计单位的本年(或三年)实际比率进行对比分析,以了解分析其重大经济事项决策前后的变化情况;二是利用计划比率(任务比率)或上年比率测算被审计单位有关项目的估计数,同实际比率进行对比,以测定有关数值有无异常现象、重大经济事项的执行有无出现重大偏差。

（3）因素分析法

因素分析法，是指审计人员通过指标分解，把审计事项的综合经济指标分解为相互联系的若干因素，然后再分析计算这些因素对综合经济指标的影响程度。通过这种分析，有利于查明领导干部重大经济事项决策后各项经济指标完成好坏的具体原因和经济责任，并可借助因素分析法来发现其经营管理和内部控制的薄弱环节和要审计的重点问题，提供审计线索，明确审计重点。

（4）结构分析法

结构分析法，亦称结构比重分析法，是指审计人员通过计算审计事项的各个构成部分在审计事项总体中所占的比率，并加以对比分析，以便从结构变动的线索发现问题的一种审计分析方法。结构分析法的要点在于：一是将重大事项决策前后各个构成部分的比率相互比较，找出影响力强的构成部分，即找到问题的关键所在。二是通过分析对比各构成比率的变化情况，来查看审计事项在结构变动方面是否合情合理，有无异常问题。如对某乡镇领导干部进行任期经济责任审计时，审计人员将乡镇财政支出分为教育事业费支出、农业事业费支出、行政管理费支出等几类，然后分别计算出各个任职年度内占财政总支出的比率，并对比分析比率变化情况，即可看出该领导干部在教育、农业等方面的重大经济事项决策情况，为评价其工作实绩提供依据。

（5）期龄分析法

期龄分析法，是指审计人员对审计事项的某些具体内容，用期龄长短为标准来进行审计分析的一种方法。该方法比较适用于对被审计单位的对外投资等内容的审查，以便为评价领导干部的管理责任履行情况提供证据。通过时间线的分析容易发现问题，也有利于查清问题。

3.审计调查

审计调查是指审计人员通过观察、查询、函证、专项调查、专案调查等方式深入实际，对某些客观事实所进行的内查外调，以便判明真相或查找新的线索的一种取证方法。很多疑点都需通过调查取证予以核实。同时，调查也为审计提供新的线索，尤其对于严重违法违纪、贪污盗窃和其他经济犯罪的专案审计具有重大作用。很多隐蔽、复杂的案情，往往都是依靠调查方法的配合，才能得以查证结案。重大经济事项审计内容比较广泛，情况复杂，为避免审计风险，同样也应采取审计调查这一方法。实践中应用比较多的调查手段有以下几种：

（1）观察法

观察是指现场察看，即审计人员在现场对被审计事项进行的实地察看，用以发现其中存在的问题和薄弱环节的一种方法。

（2）询问法

询问法就是指审计人员对前期检查、分析中所发现的可疑线索、异常情况和情况不明的事项以及对制度的调查，通过质疑或询问的方式，向被审计单位的干部职工或经办人员或向外部有关单位了解事实真相,并要求予以说明,以取得口头或书面证据的一种方法。这种询问一般分为书面询问和口头询问两种方式。

书面询问可采用调查表的形式,即根据需要调查的内容事先拟定一定格式的调查表。采取问答式、是否式、填充式等不同形式,由被调查单位或个人填报。口头询问是在整个审计过程中,审计人员向被审计单位的主管或职员,或业务经办人或业务关系单位提出问题,要求对方给予口头回答。口头询问也可采取座谈方式,如向相关部门了解被审计重大工程项目决策程序,向本单位职工了解"三重一大"公开情况等,审计人员所得到的对于这些问题的回答,即构成了口头证据。要有必要的记录,必要时,对口头询问的回答内容,还可向对方取得书面证言。

以上两种询问方式,一般来说,书面询问比口头询问证明力度大。因此,对重要的事项,最好采用书面询问,并取得书面证据。

(3)外部调查法

外部调查法也称函证法或函询法,就是指审计人员对于外部往来的账项、外来凭证或某项购销业务,通过函电方式向有关联的单位和个人进行联系查对,核实经济业务并取得对方证明材料的一种调查方式。早期审计对这种方法一般只应用于往来账款的对账,在实践中,函证法也可使用于向被审计单位关联单位了解债务情况,向财政部门了解部门单位专项资金安排、额度使用和结余情况等情况。

(4)鉴定法

在审计过程中,如果发现一些需要专门知识与技能才能确定的特殊问题,就需要配备或聘请专业技术人员进行鉴定,并获得他们的结论。这种结论必须具体、准确、客观。所以审计部门不仅需要财会人员,也需要一些专业技术人员。如地理信息技术、法律、造价、环保等,可采用专家库或聘请专业技术人员以及委托第三方机构进行鉴定的方法取得结论。

三、重大经济事项决策执行和效果审计方法的选用

在具体审计方法选用上应注意以下几个方面的结合:

(一)单位自查与审计机关重点检查相结合

审计中先由单位按照审计要求准备和提供资料,即单位先开展自查,形成报告,在自查的基础上,审计机关再进行重点核实。

(二)检查资料与检查制度相结合

良好的制度是保证决策正确的关键。严密的制度能够在一定程度上防止差错和舞弊行为的发生。如果评价结果表明制度管理情况良好,那么抽查的资料的数量和

规模可小些;反之,则加大抽查的数量和规模。因此采取检查资料与检查制度相结合,可减少审计风险,提高工作效率。

(三)详查与抽查相结合

对重大事项或异常事项作为重点详细检查,对于固有风险不高的一般事项则可采用抽样方法加以检查核实。

(四)资料审查与实际审查相结合

对重要的资产项目除对账表进行审查外,还要核对实物。这样做可以确保审计质量,并能有效地降低审计风险。

(五)审计与调查研究相结合

审计中除审查各类资料外,还应组织有关人员座谈或深入有关职能部门调查,力争多方面掌握有关情况,为评价奠定基础。

(六)重大经济事项审计与延伸审计相结合

被审计领导干部大都有许多管理对象和下属单位,审计当中发现的很多违纪违规问题就是通过延伸审计发现的,并且下属单位经营管理的好坏,主管单位和部门也应承担一定的领导责任。因此很有必要把重大经济事项审计与延伸审计结合起来。

第三节 重大经济事项的决策、执行和效果审计实践中发现的常见问题种类及常用法律法规

一、常见问题种类

(一)地方党委或政府主要领导干部经济责任审计

1.地方党委或政府未建立健全工作规则、议事规则、"三重一大"等经济决策管理制度。

2.地方党委或政府未建立重大行政决策过程记录或材料归档制度。

3.地方党委或政府未建立重大行政决策程序的具体制度。

4.地方党委或政府未明确需要民主研究、集体决策的重大经济事项的种类、范围或标准,以及决策程序、决策权限、相应的监督检查或责任追究等保障制度。

5.地方党委或政府重大经济决策事项的内容不符合有关经济法律法规、党或国家关于经济工作的方针政策或决策部署。

6.地方党委或政府存在违规决策、越权审批。

7.地方党委或政府重大经济决策事项的决策程序或过程,不符合有关法律法规或决策管理制度的规定。

8.地方党委或政府重大经济决策事项的决策未经过充分的可行性研究。

9.地方党委或政府未坚持重大决策事项专家咨询、社会公开征求意见或者社会听证、风险评估。

10.地方党委或政府未坚持会议讨论、集体决策制度,存在违反程序、超越权限、盲目决策或擅自决策。

11.地方党委或政府的重大决策过程或决策结果无完整的会议记录或会议纪要。

12.地方党委或政府重大经济决策事项的执行不及时。

13.地方党委或政府自行调整上级决策实施内容。

14.地方党委或政府在决策执行过程中有关监督或保障措施未有效执行。

15.地方党委或政府决策事项的经济效益、社会效益或环境效益等预期目标未实现。

16.地方党委或政府决策不当或者决策失误未实行问责或责任追究。

17.地方国有经营性土地的出让实行"招拍挂"比率低。

18.国企改革国有资产产权交易公开招标或竞价出让不规范。

19.地方重要建设项目工程管理不规范。

(二)行政事业单位主要领导干部经济责任审计

1.党政工作部门或事业单位未建立重大经济决策工作规则、议事规则、"三重一大"等管理制度。

2.党政工作部门或事业单位决策管理制度未明确相应的监督检查或责任追究等保障制度。

3.党政工作部门或事业单位重大预算资金管理违规。

4.党政工作部门或事业单位重大基本建设项目执行违规。

5.党政工作部门或事业单位重大对外投资项目违规。

6.党政工作部门或事业单位重大国有资产处置违规。

7.党政工作部门或事业单位重大经济决策事项的内容不符合上级有关方针政策或决策部署。

8.党政工作部门或事业单位违规决策、越权审批重大经济事项。

9.党政工作部门或事业单位重大经济决策事项的决策程序或过程,不符合有关法律法规或决策管理制度的规定。

10.党政工作部门或事业单位未严格做到依法、科学、民主决策。

11.党政工作部门或事业单位决策事项事前未经过充分的可行性研究。

12.党政工作部门或事业单位未坚持重大决策事项专家咨询、社会公开征求意见或者社会听证、风险评估等制度。

13.党政工作部门或事业单位未坚持会议讨论、集体决策制度。

14.党政工作部门或事业单位违反程序、超越权限、盲目决策或擅自决策。

15.党政工作部门或事业单位决策过程或决策结果没有完整的会议记录或会议纪要。

16.党政工作部门或事业单位重大经济决策事项的执行不及时。

17.党政工作部门或事业单位自行调整上级决策实施内容。

18.党政工作部门或事业单位决策执行过程中有关监督或保障措施无效。

19.党政工作部门或事业单位决策事项的经济效益、社会效益或环境效益等预期目标未实现。

20.党政工作部门或事业单位决策不当或者决策失误造成国有资产(资金、资源)严重流失或者损失浪费。

21.党政工作部门或事业单位决策不当或者决策失误未实行问责或责任追究。

(三)国有企业领导人员经济责任审计

1.国有企业未制定或未及时修订重大经济决策管理制度。

2.国有企业重大经济决策管理制度中未明确需要民主研究、集体决策的重大经济事项的种类、范围或标准。

3.国有企业重大经济决策管理制度中未明确决策程序、决策权限、相应的监督检查或责任追究等保障制度。

4.国有企业重大经济决策管理制度存在决策管理制度缺失。

5.国有企业重大经济决策管理制度未有效执行。

6.国有企业重大生产经营决策失误或未执行决策程序。

7.国有企业重大项目投资决策失误或未执行决策程序。

8.国有企业重大股权投资决策失误或未执行决策程序。

9.国有企业重大经济担保决策失误或未执行决策程序。

10.国有企业重大资产处置决策失误或未执行决策程序。

11.国有企业重大采购事项决策失误或未执行决策程序。

12.国有企业重大资本运作决策失误或未执行决策程序。

13.国有企业大额度资金使用决策失误或未执行决策程序。

14.国有企业重大经济决策的内容不符合有关经济法律法规、党或国家关于经济工作的方针政策或决策部署。

15.国有企业违规决策、越权审批。

16国有企业重大经济决策事项的决策程序或过程,不符合有关法律法规或决策管理制度的规定。

17.国有企业未严格做到依法、科学、民主决策。

18.国有企业决策事项未进行充分的可行性研究。

19.国有企业未坚持重大决策事项专家咨询、会议讨论、集体决策制度。

20.国有企业重大决策事项公众参与程度不高、缺乏专家论证、风险评估。

21.国有企业未经可行性研究即临时动议作出决策、个人专断、人为操作决策事项。

22.国有企业超越权限、违反程序、盲目决策或擅自决策。

23.国有企业决策过程或决策结果无完整的会议记录或会议纪要。

24.国有企业重大经济决策事项的执行不及时。

25.国有企业未经重新决策自行调整决策实施内容。

26.国有企业决策执行过程中有关监督或保障措施无效。

27.国有企业决策事项的经济效益、社会效益或环境效益等预期目标未实现。

28.国有企业决策不当或者决策失误造成决策项目效益低下。

29.国有企业决策不当或者决策失误造成国有资产(资金、资源)严重流失或者损失浪费。

30.国有企业决策不当或者决策失误严重影响企业可持续发展。

31.国有企业未严格按照有关决策管理制度的规定,实行问责或责任追究。

二、常用审计定性依据

1.党内有关规定,如《关于加强党的执政能力建设的决定》《关于加强和改进新形势下党的建设若干重大问题的决定》《中国共产党工作机关条例(试行)》《关于实行党政领导干部问责的暂行规定》等。

2.行业有关法律法规,如《预算法》(2018年修正)、《预算法实施条例》(2020年修订)、《政府采购法》(2014年修正)、《政府采购法实施条例》、《招标投标法》(2017年修正)、《招标投标法实施条例》(2019年修订)、《会计法》(2017年修正)、《重大行政决策程序暂行条例》、《行政法规制定程序条例》(2017年修订)等。

3.地方党委、政府、部门制定的工作规划、议事规则、"三重一大"等经济管理制度,有关经济决策事项的可行性研究、专家咨询评估、社会听证、问责和责任追究等工作规范或制度,以及上级组织、纪检或有关部门的考核、巡视、检查结果等。

第四节　重大经济事项的决策、执行和效果审计的案例

案例一

地方党政领导干部案例

在某市市长白某经济责任审计项目中,确定审计重点围绕土地审批板块展开。在土地报批资料中,发现省级重点工程某某商贸中心项目,表面上符合土地利用总体规划,使用当年用地指标,复垦耕地验收合格实现占补平衡,征收程序符合招拍挂要求,似乎中规中矩。但审计人员凭借对政策法规的熟悉,正确运用审计方法,抽丝剥茧,通过查阅土地征收出让业务中标地产公司的土地规划、建设审批文件及相关财务收支等资料,与相关人员座谈,实地调查,逐一坐实了该项目土地使用权公开出让"走过场","保送"××地产中标,国有土地使用权出让底价计算方法错误,致使开发商少缴土地出让金、虚报土地补偿款等问题,给国家造成经济损失9 000余万元。

白某在担任A市常务副市长、市土地领导小组副组长期间,对所分管的土地交易中心土地前期成本审核小组工作监管失职,履行工作职责不认真,违反规定决策审批事项,致使某某商贸中心项目虚列征地前期投入费用用于抵顶土地出让金,给国家造成巨额经济损失,应承担领导责任。

该案件线索办理了审计移送,由该省人民检察院立案侦查,经省高级人民法院终审裁定,白某犯玩忽职守和受贿罪,数罪并罚,执行死刑,缓期二年执行,剥夺政治权利终身,并处没收个人全部财产。另外相关行贿的4家企业、2名自然人以及4名公职人员也被判处刑罚。正所谓"法网恢恢,疏而不漏"。

案例二

部门单位领导干部案例

审计机关对A市人防办主任进行的经济责任审计,揭开了防空洞的"黑盖子"。A市人防办主任刘某2012年至2013年间,以极低的租金、极有利于承租人的条件,个人决策分2次将27处人防工程口部租出,承租人用伪装房的名义违章建房,建设了烧烤城、附带按摩服务的影院等商业设施,有的还开发成了商业楼盘,进行无证违法销售。2013年,有关部门曾对具体项目负责人进行过调查,但未对整个事件进行全面考量,部分承租人倚仗表面有合同支持、背后有"内鬼"撑腰,不但把房子建成了,而且还上访闹事,要求赔偿,引发社会矛盾,竟然令政府有关部门"难以处置"。审计

人员运用查账手段,比对租金收入和项目租赁合同,发现了低租、欠租等疑点;又通过实地走访,发现了大量妨害口部功能的违章建筑;还在现场听到了"刘主任亲自关照"的反映,看见了刘主任签字的要求"当地村委和供水、供电单位协助配合建房"的通知;通过证人证言、检查文档,划定了刘某擅自决策的直接责任。案件移交后,经有关部门审查,判定该主任利用职务之便,非法收受他人给予的现金 426.5 万元,为他人谋取利益,受到法律惩处。

案例三

国企领导干部案例

在对省属国有独资的投资集团董事长的经济责任审计过程中,发现该董事长刘某刻意避开企业管理机制,重要的投资决策不上党委会,不召开总裁办公会,"三重一大"事项均由其自定范围的"领导班子会"研究商定,最后再拿给董事,网上划圈"表决"通过,把制度玩弄于股掌之间,违规决策。为了更方便地实现自己的意志,这个董事长还违规调动自己的发小当二级公司的总经理,然后仅通过该亲信分管项目,转移国有资产 3 亿元,造成重大损失。通过努力,审计组陆续查出了刘某及其下属单位有关人员违规决策造成国有资产重大损失、挪用资金、侵占资金等重大违法违纪问题线索。最终审计组形成审计移送处理书 4 份,向省纪委监委、公安厅共移送线索 17 条,涉案金额 28.76 亿元,涉及人员 12 人,其中 1 人被批准逮捕,2 人被立案调查;促进相关公司修订制度 6 项,新出台制度 21 项。

思考题

1.重大经济事项的决策、执行和效果审计根据不同的被审计对象分别有哪些重要内容?

2.重大经济事项的决策、执行和效果审计的方法有哪些? 在选用具体审计方法上应注意什么?

3.思考重大经济事项的决策、执行和效果审计在实践中常见的问题有哪些? 有哪些常用的法律依据?

4.通过案例如何更好地理解重大经济事项的决策、执行和效果审计?

第六章 财政财务管理和经济风险防范审计

学习目标..

1 掌握财政财务管理和经济风险防范中常用的审计重点内容和方法
2.了解财政财务管理和经济风险防范审计中发现的常见问题种类
3.理解财政财务管理和经济风险防范审计的定性、处理处罚依据

财政财务管理与经济风险防范审计主要关注被审计单位财政财务资金筹集、使用、分配等各项经济活动与经济关系,评价领导干部任职期间财政财务资金管理的真实性、合规性和效益性,促进领导干部加强各项资金收支管理,落实依法合规经营主体责任,从而防范经济风险。

第一节 财政财务管理和经济风险防范 审计的重点内容

一、预算编制、批复及调整情况

关注单位预算编报范围的完整性、准确性,是否存在未纳入预算管理的资金;关注预算编制细化情况,是否存在年初预算资金未细化到单位、项目的情况;关注预算调整方案编制的完整性和审批的合规性,是否存在追加预算当年无法执行,是否存在项目结转金额较大的情形下仍安排新增预算的情况。

二、财政支出真实合规情况

关注基本支出的真实性、完整性、准确性、合法性,以及揭示与披露的充分性;关注项目立项的真实合理性、申报程序的合规性,项目是否按计划进度组织实施,项目支出反映的业务与项目文本规定的内容是否一致,项目验收手续是否完备,项目目标是否实现;关注"三公"经费和会议费使用情况,以及楼堂馆所建设管理使用情况。关注单位主导和参与分配的专项转移支付资金管理是否合规,是否按要求制定资金管理办法;是否合法合理设置专项资金项目,政策目标是否清晰;专项转移支付资金分配方法是否科学,分配标准是否统一,分配程序是否合规;专项转移资金是否真实,是否存在虚假、截留、挤占、挪用或擅自调整的情况。

三、预算绩效管理情况

单位是否及时下达预算;是否建立健全预算管理和绩效考评机制;考评制度是否突出对专项资金配置效率、使用效益的考评,是否具有可操作性,执行是否到位;是否落实绩效管理责任,是否存在资金使用效益不高、损失浪费的问题。

四、履行经济责任监督情况

被审计单位对下属单位经济管理是否严格,以及是否有效监督财政预算资金使用;是否存在依托部门职权、利用行业资源或部门影响力违规投资获利,获取小集团利益的情况;下属企事业单位对外投资经营是否合规;是否对违规违纪人员落实责任追究。

五、经济风险防范情况

被审计单位财政财务和相关的经济活动是否存在风险,是否有有效的财政经济活动监督体系,是否有健全的财政经济风险防范机制,是否有相关的财政经济风险防范政策、财政经济风险预警体系和财政经济风险应急处置机制等。

第二节　财政财务管理和经济风险
防范审计的方法

审计方法是指为实现审计目标而采用的工作模式、程序、措施和手段,主要包括:认识审计工作任务和所面临的问题;观察与审计任务和问题有关的事实;对审计任务和问题进行分解;针对每一具体问题确定所要收集的证据,选择适用的审计技术与应对措施;实施获取证据的程序与措施;对收集的证据进行评价;作出审计结论。财政财务审计是领导干部经济责任审计的重要组成部分,对其审计资料的收集是审计证据获取的重要组成部分。目前,审计方法可作如下分类:按审查书面资料的技术划分,可分为核对法、审阅法、复算法、比较法、分析法;按审查资料的顺序划分,可分为逆查法和顺查法;按审查资料的范围划分,可分为详查法和抽查法。

一、按审查书面资料的技术划分

(一)核对法

核对法是将会计记录及其相关资料中两处以上的同一数据或相关数据相互对照,以验明内容是否一致,检查其是否正确的审计方法。其目的是查明证、账、表之间是否相符,证明被审单位财务状况和财务成果是否真实、正确、合法。

财政财务审计方法中的核对法是指审计人员针对审计资料的真实性、准确性和完整性,对原始凭证、记账凭证、账簿、报表等进行核对,以确定被审计资料的真实性、准确性和完整性。核对时,应检查原始凭证数量是否齐全,日期、业务、内容、金额同记账凭证上的相应内容是否相符,原始凭证之间、记账凭证同汇总记账凭证之间是否内容一致;会计凭证的日期、会计科目、明细科目、金额同账簿记录的内容是否一致;汇总记账凭证(或科目汇总表)与记入总账的账户、金额、方向是否相符;明细账与总分类账的期初余额、本期发生额和期末余额是否核对一致;账簿与报表的账户记录同有关报表项目是否相符;报表是否按制度规定要求编制,报表之间的相应关系是否正确。如发现错误或疑点,应及时查明原因。采用核对法作为证据的资料必须真实正确,当缺乏依据时,相互核对的数据应至少有两个不同来源,并使其核对相符。

(二)审阅法

审阅法指对凭证、账簿和报表,以及经营决策、计划、预算、合同等文件和资料的内容进行详细阅读和审查,以检查相关经济业务是否合法合规、经济资料是否真实正确的方法。审阅法的目的是查证证、账、表等会计资料的真实性、准确性和完整性,以确保审计结果的可靠性。审阅法有时能提供支持审计结论的直接证据,但大多数情况下仅能提供作为审计线索、审计疑点的间接证据。

1.形式和技术审阅

主要审阅原始凭证、记账凭证是否完整正确,如日期、摘要、金额、大小写、签章等填写是否齐全,有无涂改;审阅经济资料的记录是否符合有关原理和原则,有无异常情况,如会计账簿中科目使用是否正确;账簿中有无涂改、刮擦、挖补、伪造等情况;账户对应关系是否合理;会计报表编制是否按相关制度规定,报表之间的勾稽关系是否合理等。

2.内容审阅

从内容上审查经济业务是否符合有关手续,有无违反财经纪律、财会制度规定,甚至存在非法经营活动的事实等。

(三)复算法

复算法主要对凭证、账簿和报表以及预算、计划、分析等书面资料进行复核、验算,以检查经济业务是否合法,经济资料是否真实正确,是否符合会计准则的要求。复算法的目的是查证证、账、表等会计资料的真实性、准确性和完整性,以确保审计结果的可靠性,包括原始凭证中单价乘数量的积数、小计、合计等,记账凭证中的金额合计,账簿中每页各栏金额的小计、合计、余额,报表中有关项目的小计、合计、总计及其它计算,以及预算、计划、分析中的有关数据。复算法一般与审阅法结合运用,提高审计的保险系数。

(四)比较法

比较法是将被审项目的实际数据与计划数据、本期数据与前期数据、本企业与同类企业的数据等进行对比分析,以发现异常情况和可疑问题,提供审计线索,进而跟踪追查,取得审计证据的方法;可分为绝对数比较法和相对数比较法。

(五)分析法

分析法指分解被审项目的内容,判断其构成要素的相互关系,以揭示被审项目本质,从而帮助审计人员发现异常情况的一种审计方法。它包括结构比率分析法、账户分析法、趋势分析法、期龄分析法、平衡分析法和因素分析法等;根据审计时间和目的的不同,可以分为事前分析、事中分析和事后分析。

二、按审查资料的顺序划分

(一)逆查法

按照经济活动进行的相反顺序,从终点查到起点的审计方法。在财政财务收支审计中,主要指按照会计核算程序的相反顺序,先审查会计报表,从中发现错弊和问题,然后针对性地依次审查和分析报表、账簿和凭证的方法。

(二)顺查法

按照经济活动发生的先后顺序,依次从起点查到终点的审计方法。审查会计资料时,按照会计核算程序的先后顺序,依次审核和分析会计凭证、会计账簿和会计报表。具体做法是:首先审查原始凭证及记账凭证,然后进一步结合凭证查账簿,最后根据账簿审查会计报表。

逆查法和顺查法各有侧重,各有利弊,实际工作中常将两种方法结合起来运用。如采用逆查法时,对局部事项兼用顺查法;采用顺查法时,对于重要事项兼用逆查法。

三、按审查资料的范围划分

(一)详查法

详查法是指对被审单位被审期内的或某一重要(或可疑)项目的全部证账表及其相关经济活动进行全面、详细审查的方法。早期的财务审计通常采用这种方法。

(二)抽查法

抽查法是指从被审单位被审计对象总体中抽取一部分并进行审查,根据审查结果,推断审计对象总体有无错报和弊端的方法。这种方法的关键在于抽取样本,故又称为抽样审计法。这种方法按照审计抽样决策的依据不同,可再划分为统计抽样和非统计抽样;按照审计抽样目的不同,可再划分为属性抽样和变量抽样。

第三节　常见问题种类、相应的审计方法和定性处理依据^①

一、预决算编制、管理方面存在的问题

(一)预算编制不完整、不细化

审计方法和步骤:查阅部门收费许可文件及相关经营业务资料,与上年度部门收入决算报表反映的信息进行对比。查阅部门项目编制说明、预算编制表、项目设立依据、立项审批和财政预算批复文件等资料,对比部门预算编制与财政批复资料,以查证项目预算编制完整和细化情况。

定性依据:《中华人民共和国预算法》(2018年修正)第三十二条、第三十六条;《国务院关于进一步深化预算管理制度改革的意见》(国发〔2021〕5号)第十四条。

处理意见:依据上述规定,……。

(二)结余资金未纳入预算

审计方法和步骤:应审查上年经常性结余、专项结余账户账面余额和年终预算收支调入往来账户金额,采用比较法,对比账面金额与预算收入编制表、批复表中的上年结余金额的一致性,确定判断上年结余纳入年初预算的完整性。

定性依据:《财政部关于加强地方财政结余结转资金管理的通知》(财预〔2010〕383号)。

处理意见:依据上述规定,……。

(三)未按规定批复预算

审计方法和步骤:审查预算经本级人民代表大会批准的日期、本级政府财政部门向本级各部门批复预算的日期、各部门向所属各单位批复预算的日期。

定性依据:《中华人民共和国预算法》(2018年修正)第五十二条。

处理意见:依据上述规定,……。

---

① 本节资料来源:根据济宁市审计局网站,以及"审计行业观察""审计之家"公众号的相关内容编辑整理而得。

（四）未编制政府采购预算

审计方法和步骤：审查单位是否编制政府采购预算草案，编制的草案是否经过财政部门审批。

定性依据：《中华人民共和国政府采购法》第三十三条。

处理意见：依据上述规定，……。

（五）未制定部门绩效评价管理制度

审计方法和步骤：审查单位是否编制绩效目标并上报财政部门。

定性依据：《中共中央国务院关于全面实施预算绩效管理的意见》第四条第（七）项。

处理意见：依据上述规定，……。

（六）未按规定公开绩效目标和评价结果

审计方法和步骤：审查单位是否在政务外网或其他媒体上公开绩效目标和评价结果。

定性依据：《中共中央国务院关于全面实施预算绩效管理的意见》第十七条。

处理意见：依据上述规定，……。

（七）决算（草案）编制不完整、不真实、数额不准确

审计方法和步骤：将业务数据与财务数据相对比，保证财务数据的真实性；将财务数据的明细账、总账和决算报表相对比，审查是否一致。

定性依据：《中华人民共和国预算法》（2018 年修正）第七十五条。

处理意见：依据上述规定，……。

二、预决算公开方面存在的问题

（一）预（决）算未按期公开、未在公开的政府预算（决算）中对重要事项作出说明

审计方法和步骤：审查经本级政府财政部门批复的部门预算、决算及报表在批复后二十日内，部门是否在政府门户网站或主流媒体报纸上公示，并对重要事项作出说明。

定性依据：《中华人民共和国预算法》（2018 年修正）第十四条。

处理意见：依据上述规定，……。

(二)预(决)算公开内容不细化

审计方法和步骤:审查单位公开的预(决)算中的内容是否按照基本支出和项目支出的功能分类具体到科目。查阅部门项目编制说明、预算编制表、项目设立依据、立项审批和财政预算批复文件等资料,对比部门预算编制与财政批复资料,查证项目预算编制是否细化。

定性依据:《中华人民共和国预算法》(2018 年修正)第三十二条。

处理意见:依据上述规定,……。

三、预算收支管理方面存在的问题

(一)结转结余资金未按规定上缴财政

审计方法和步骤:审查明细账中结转结余资金,是否有连续两年未用完的结转资金。

定性依据:《财政部关于加强地方预算执行管理加快支出进度的通知》(财预〔2018〕65 号)。

处理意见:依上述规定和《中华人民共和国审计法》(2021 年修正)第四十五条第一款。

(二)截留、挪用,或者预算收入未及时足额上缴

审计方法和步骤:审查业务资料、收据或发票存根等,与财务会计资料相比对,分析单位的各项收入是否全部纳入单位账务,纳入单位账务应上缴的收入是否足额上缴。

定性依据:《中华人民共和国预算法》(2018 年修正)第五十六条。

处理意见:依据《财政违法行为处罚处分条例》(2011 年修订)第四条。

(三)财政部门将预算收入存入财政专户,未及时上缴国库

审计方法和步骤:审查财政专户账,看其账户资金是否上缴到国库。

定性依据:《中华人民共和国预算法》(2018 年修正)第五十六条。

处理意见:依上述规定和《中华人民共和国审计法》(2021 年修正)第四十五条第一款责令上缴。

(四)无预算、超预算支出或者违规调整预算

审计方法和步骤:将财政批复的预算与单位支出明细账比对,确定是否存在财政

未批复但已支出的事项。审查单位的预算调整是否报经本级财政部门审批。

定性依据:《中华人民共和国预算法》(2018年修正)第十三条、第七十二条。

处理意见:依据上述规定,……。

四、财政财务收支管理存在的问题

(一)坐收坐支财政收入

审计方法和步骤:审查业务资料、收据或发票存根等,与财务会计资料相比对,分析单位的财政收入;将收入明细台账、支出明细账与单位的罚没收入、行政事业性收费、政府性基金、国有资产处置和出租出借收入等关联对比分析。

定性依据:《行政单位财务规则》(财政部令第113号)第四十七条和《事业单位财务规则》(财务部令第108号)第十九条。

处理意见:依据《财政违法行为处罚处分条例》(2011年修订)第四条。

(二)虚增财政收入

审计方法和步骤:审查和分析税收、会计、统计等资料反映的税收收入是否真实、完整,是否按照国家规定办理税款征收、入库、结报;重点揭示无收费来源,以"空转"方式等增加地方财政收入的问题。

定性依据:《财政总会计制度》(财库〔2022〕41号)。

处理意见:依据《财政违法行为处罚处分条例》(2011年修订)第七条。

(三)虚列支出

审计方法和步骤:一是查看是否存在以挂暂存的方式虚列支出;二是检查服务合同、工程发包合同、采购合同、投资协议中业务费、管理费等事项支出的真实性,判断是否存在虚构支出。

定性依据:《中华人民共和国预算法》(2018年修正)第五十七条。

处理意见:依据《中华人民共和国预算法》(2018年修正)第九十三条。

(四)基本支出挤占项目支出

审计方法和步骤:审查基本经费中如物业费、取暖费、福利费等各种形式的人员经费是否在项目支出中列支;调阅单位相关的项目文本及其财务资料,核实单位是否存在私自扩大项目支出范围,用基本支出挤占项目支出的行为。

定性依据:《行政单位财务规则》(财政部令第113号)第二十二条、《事业单位财务规则》(财政部令第108号)第二十四条。

处理意见：依据上述规定，……。

(五) 财政支出挂账

审计方法和步骤：查阅账簿和记账凭证，审查支出是否在往来科目核算，是否存在未记经费支出的行为。

定性依据：《中华人民共和国预算法实施条例》(2020 年修订) 第六十七条。

处理意见：依据《财政违法行为处罚处分条例》(2011 年修订) 第七条。

(六) 违反规定扩大开支范围，提高开支标准

审计方法和步骤：将财政批准的单位预算关于资金的使用范围、开支标准、定员定额情况等的计划，与单位的支出明细账进行比对，确定是否有扩大开支范围、提高开支标准的行为。

定性依据：《行政单位财务规则》(财政部令第 113 号) 第二十一条、《事业单位财务规则》(财政部令第 108 号) 第二十一条。

处理意见：依据上述规定，……。

(七) 违规(约)出借资金

审计方法和步骤：查看账簿，审查是否存在将本单位资金拨给未纳入预算单位的账户，或无偿垫付财政资金的行为。

定性依据：《财政部关于进一步加强地方财政结余结转资金管理的通知》(财预〔2013〕372 号)、《中华人民共和国预算法》(2018 年修正) 及其实施条例。

处理意见：依据《财政违法行为处罚处分条例》(2011 年修订) 第五条。

(八) 违规融资

审计方法和步骤：查看账簿、借款合同，审查是否存在未在国家规定金融机构借款、借款利息高于国家规定存款利息的行为。

定性依据：《财政部关于对地方政府债务实行限额管理的实施意见》(财预〔2015〕225 号)。

处理意见：依据上述规定，……。

(九) 违规引税

审计方法和步骤：审查被审计单位起草的法规、规章和规范性文件是否存在突破国家统一财税制度、自行规定税收优惠政策的行为，审查是否存在通过奖励、补贴等形式引税、买税的行为，是否存在违反法律法规的规定和超越权限多征、提前征收或者擅自减征、免征、缓征应征税款的行为。

定性依据:《国家税务总局关于进一步规范税收征管秩序提高税收收入质量的通知》(税总函〔2015〕79 号)。

处理意见:依据《中华人民共和国预算法》(2018 年修正)第九十三条。

(十)专款拨付不及时

审计方法和步骤:审阅被审计单位的专项资金收支会计凭证,使用情况报告,核查是否按照规定和时间节点要求拨付专项资金到位。

定性依据:《事业单位财务规则》(财政部令第 108 号)第二十四条。

处理意见:依据上述规定,……。

(十一)乱收费

审计方法和步骤:审查单位的收费许可证、收费票据和年度审验资料、单位收据、往来票据等,并与明细账关联对比,分析是否存在乱收费的行为。

定性依据:中共中央办公厅、国务院办公厅《关于转发财政部〈关于治理乱收费的规定〉的通知》(中办发〔1993〕18 号)。

处理意见:依据《财政违法行为处罚处分条例》(2011 年修订)第三条。

(十二)资金闲置

审计方法和步骤:查看账簿,关注专项资金、转移支付资金或项目资金,审查是否及时按照规定及时拨付或使用,是否存在长期闲置未用的行为。

定性依据:《财政部关于进一步加强财政支出预算执行管理的通知》(财预〔2014〕85 号)。

处理意见:依据《中央对地方专项转移支付管理办法》(财预〔2015〕230 号)第五十二条第一款。

(十三)办公费报销凭证不合规(如以收款收据报销、报销无明细、发票内容不完整等)

审计方法和步骤:审查办公费凭证后附原始凭证的基本内容(凭证名称、填制日期、凭证编号、填制和接受凭证的单位名称、业务内容、业务数量和金额、填制单位、填制人、经办人或验收人的签字盖章)是否齐全,内容是否真实合法。

定性依据:《会计基础工作规范》(2019 年 3 月修改)第四十八条和《中华人民共和国会计法》(2017 年修正)第十四条。

处理意见:依据《中华人民共和国会计法》(2017 年修正)第四十二条,根据具体情况,追究责任的需要移送。

五、会计核算、账簿管理规定方面存在的问题

(一)未依法设置会计账簿

审计方法和步骤:审阅账簿记录的有关经济业务是否符合会计核算的基本要求,记账内容是否合规,其记账金额是否和记账凭证相符,内容记载是否齐全,账页是否连号,记账是否符合会计制度和记账规则,有无违反《会计法》的现象,有无涂改或其他异常迹象等。

定性依据:《中华人民共和国会计法》(2017年修正)第三条。

处理意见:依据上述规定,责令……。

(二)往来账未及时清理

审计方法和步骤:审阅单位近几年的往来款项明细账,查看单位往来款项是否及时进行清理和结算,是否存在呆账、逾期款项。

定性依据:《行政单位财务规则》(财政部令第113号)第三十八条、《事业单位财务规则》(财政部令第108号)第四十九条。

处理意见:依据上述规定和《中华人民共和国审计法》(2021年修正)第四十五条、第四十六条的有关规定处理。

(三)公款私存

审计方法和步骤:查询被审计单位的各类银行账户及批准开设银行账户的文件,结合银行存款账、银行对账单进行核对,追查资金的去向,是否有转入私人账户现象。

定性依据:《中华人民共和国商业银行法》(2015年修正)第四十八条第二款。

处理意见:依前款及《中华人民共和国审计法》(2021年修正)第四十五条、第四十六条。

(四)私设"小金库"(私存私放资金、账外账、账外资产等形成"小金库")

审计方法和步骤:调查被审计单位机构设置及职能,收入和支出项目、来源及收取方式;审阅被审计单位所有银行账户及批准开设银行账户的文件,核查对账单余额和会计账面余额是否一致,银行对账单上的每笔业务与单位银行存款账是否一一对应,资金收支与单位职能是否相符。

定性依据:中共中央纪委印发的《关于在党政机关和事业单位开展"小金库"专项治理工作的实施办法》(中纪发〔2009〕7号附件)和《中华人民共和国会计法》(2017年修正)第三条、第十六条。

处理意见:依据《设立"小金库"和使用"小金库"款项违法违纪行为政纪处分暂行规定》(监察部、人力资源和社会保障部、财政部、审计署令第 19 号)第三条、第四条。

六、"三公"经费方面存在的问题

(一)违反公务接待管理规定的问题

1.接待费报销凭证不合规(如无接待公函、消费明细等)

审计方法和步骤:审查单位接待费的财务票据是否合规,是否有派出单位公函和接待清单。

定性依据:《党政机关国内公务接待管理规定》(2013 年)第十四条。

处理意见:依据上述规定,……。

2.列支与接待无关的费用,转移、隐匿接待费用

审计方法和步骤:接待费中是否有接待对象应承担的差旅、会议、培训等费用,或借公务接待名义列支其他支出。审查单位的培训费、会议费,并查看培训人员人数、会议签到人数,审查培训费会议费中报销的支出是否都与培训会议相关;审查单位的培训会议计划和相关佐证材料,并查看相应培训会议费是否在本单位报销。

定性依据:《党政机关国内公务接待管理规定》(2013 年)第十二条。

处理意见:依据上述规定,……。

(二)违反因公出国管理规定的问题

1.变相公款出国(境)旅游

审计方法和步骤:审查单位公务出差活动,并查找相关佐证资料,看是否存在借公务差旅之机旅游或者以公务差旅为名变相旅游的行为;查看考察、学习、培训、研讨、招商、参展、公款出国(境)等活动的佐证资料,看是否存在变相旅游的情况。

定性依据:《党政机关厉行节约反对浪费条例》第十三条。

处理意见:依据上述规定,……。

(三)违反公务用车管理规定的问题

1.未制定公务用车定点加油、维修、保养制度并严格执行

审计方法和步骤:审查单位是否出台相关公务用车加油、维修、保养制度,并审查相关制度执行情况。

定性依据:《党政机关厉行节约反对浪费条例》第二十七条。

处理意见:依据上述规定,……。

2.汽修费报销凭证不合规

审计方法和步骤:审查汽修费凭证后附原始凭证的基本内容(凭证名称、填制日期、凭证编号、填制和接受凭证的单位名称、业务内容、业务数量和金额、填制单位、填制人、经办人或验收人的签字盖章)是否齐全,内容是否真实合法。

定性依据:《会计基础工作规范》(2019 年 3 月修改)第四十八条和《中华人民共和国会计法》(2017 年修正)第十四条。

处理意见:依据《中华人民共和国会计法》(2017 年修正)第四十二条,根据具体情况,需要追究责任时,移送有关单位或部门。

3.借用、占用下属单位或个人车辆

审计方法和步骤:审查单位账务中报销的加油费、维修费等与车辆相关的支出,延伸至相关加油站、维修站,与单位人员座谈,确定单位正在使用的车辆,并落实车辆所有权。

定性依据:《党政机关厉行节约反对浪费条例》第二十六条。

处理意见:依据上述规定,……。

七、会议管理规定方面存在的问题

(一)会议天数超规定

审计方法和步骤:确定单位召开会议的类别、召开会议报到和离开时间,确定会议天数,与相应类别会议天数相比较。

定性依据:《中央和国家机关会议费管理办法》(财行〔2016〕214 号)第八条。

处理意见:依据上述规定,……。

(二)会议费支出超标准、超范围、超预算

审计方法和步骤:将单位会议费中住宿费、伙食费、其他费用与对应标准对比,审查是否超标准。

定性依据:《中央和国家机关会议费管理办法》(财行〔2016〕214 号)第十五条、第十七条、第二十七条。

处理意见:依据上述规定,……。

(三)虚列会议费套取资金

审计方法和步骤:查看会议审批文件、会议通知及实际参会人员名单、原始明细单据、电子结算单等资料,与参会人员座谈,确定会议真实性,并核实会议费相关支出。

定性依据:《党政机关厉行节约反对浪费条例》第三十一条。

处理意见:根据具体情况,追究责任时需移送;不作出实质性处理的,依据上述规定,……。

(四)会议费报销凭证不合规(如无会议通知、参会人员名单、费用原始明细单据等)

审计方法和步骤:查看凭证后是否附会议审批文件、会议通知及实际参会人员名单、定点饭店等会议服务单位提供的费用原始明细单据、电子结算单等资料。

定性依据:《中央和国家机关会议费管理办法》(财行〔2016〕214 号)第十七条。

处理意见:依据上述规定,……。

八、培训管理规定方面存在的问题

(一)培训费超范围、超标准列支

审计方法和步骤:审查培训费中的支出,并与相应标准对比。培训费实行综合定额标准、分项核定、总额控制。

定性依据:《中央和国家机关培训费管理办法》(财行〔2016〕540 号)第八条、第十七条。

处理意见:根据具体情况,追究责任时需移送;不作出实质性处理的,依据上述规定,……。

(二)住宿费超标准

审计方法和步骤:审查出差人员的住宿发票、所在城市住宿标准、明细清单、天数人数、金额等是否符合标准规定。

定性依据:《中央和国家机关差旅费管理办法》第十四条。

处理意见:根据具体情况,追究责任时需移送;不作出实质性处理的,依据上述规定,……。

(三)违规收取培训费用

审计方法和步骤:审查单位账务、收据存根、银行对账单等财务资料,核实是否收取其他单位培训费。

定性依据:《中央和国家机关培训费管理办法》(财行〔2016〕540 号)第十九条。

处理意见:依据上述规定,……。

（四）借培训名义安排旅游、组织会餐、安排宴请或进行高消费娱乐健身活动

审计方法和步骤：审查培训单位账务、收据存根、支出发票和支出明细、银行对账单等财务资料，核实是否存在培训期间旅游、组织会餐、安排宴请或进行高消费娱乐健身活动等支出。

定性依据：《中央和国家机关培训费管理办法》（财行〔2016〕540 号）第十四条。

处理意见：根据具体情况，追究责任时需移送；不作出实质性处理的，依据上述规定，……。

(五)培训费报销凭证不合规（如无培训通知、签到表、原始明细单据等）

审计方法和步骤：审阅报销培训的材料有没有培训通知、签到表、原始明细单据等凭证，是否有培训机构出具的正规发票等。

定性依据：《中央和国家机关培训费管理办法》（财行〔2016〕540 号）第十七条。

处理意见：依据上述规定，……。

（六）未按规定报销差旅费

审计方法和步骤：首先审阅差旅费报销凭证中是否包括通知文件、审批单、差旅费报销范围内的发票，如果是外出调研或检查工作需附成果性文件。然后，从通知文件中确定差旅时间、地点、出差地，通知文件是否包括住宿和吃饭等重要信息；查看审批单中体现出差的工作人员、人数、职务及出差的具体要求；查看报销人的发票。在交通方面，大交通是否超标准乘坐飞机、轮船、火车等工具，但是要注意报销人存在自己补差价升级标准的情况；小交通是否报销市内交通费用，如报销市内交通费用就要注意不能领取交通补助，如带车出差亦不能领取交通补助。结合大交通和小交通的实际发生情况，与文件中规定的出差地点相比较，分析是否存在绕道旅游的情况。在食宿方面，根据通知文件中的具体安排，与报销发票对比，是否存在超标准住宿、重复报销住宿费用、多领取餐补等情况。

定性依据：《中央和国家机关差旅费管理办法》第四条、第二十二条、第二十三条、第二十四条、第二十五条。

处理意见：根据具体情况，追究责任时需移送；不作出实质性处理的，依据上述规定，……。

（七）差旅费报销凭证不合规（如无审批单等）

审计方法和步骤：审阅差旅费报销凭证是否包括通知文件、审批单、差旅费报销范围内的发票，如果是外出调研或检查工作是否附成果性文件。

定性依据:《中央和国家机关差旅费管理办法》第二十四条。

处理意见:依据上述规定,……。

九、津(补)贴管理方面存在的问题

(一)吃空饷

审计方法和步骤:调查被审计单位人员编制、在职人数、退休人数与财政部门核拨工资的人员数、被审计单位人员上班签到簿或者电子打卡记录;将被审计单位工资册与上班签到簿(或者电子打卡记录)进行比对;采用座谈、走访、群众举报等方法,核实财政资金供养人员中是否有"死人饷""冒名饷""旷工饷"等。

定性依据:《关于开展机关事业单位"吃空饷"问题集中治理工作的意见》。

处理意见:依据上述规定,……。

(二)违规发放津补贴、奖金、实物等

审计方法和步骤:审阅被审计单位班子会议记录、人员工资表、发放津贴补贴台账、发放明细表等,核查机关公务员津补贴执行情况、事业单位绩效工资实施情况、特殊岗位津贴执行情况以及是否超项目、超标准、超范围发放津补贴,是否违规发放各类奖金等工作性补贴,是否违规发放职工福利等。

定性依据:中共中央办公厅、国务院办公厅《转发〈中央纪委、中央组织部、监察部、财政部、人事部、审计署关于严肃纪律加强公务员工资管理的通知〉的通知》(厅字〔2005〕10 号)。

处理意见:依据《违规发放津贴补贴行为处分规定》(监察部、人力资源和社会保障部、财政部、审计署令第 31 号)第三条、第十三条、第十六条。

十、资产管理规定方面存在的问题

(一)固定资产未入账

审计方法和步骤:审阅被审计单位固定资产明细表,会同被审计单位财务人员和设备管理人员,对照台账上固定资产的名称、数量、规格和存放地点对实物进行盘点核对(从账到实物,确认真实性),并将所盘点到的实物与台账进行核对(从实物到账,确认完整性),做好盘点核对记录,获取盘点清单;核实固定资产存在、完整及使用情况;对新增固定资产进行审查,查看购买手续是否齐全,有无张冠李戴,清查实际数与账面数进行比较,关注是否存在已报废但仍未核销的固定资产。

定性依据:《中华人民共和国会计法》(2017年修正)第九条;《行政单位财务规则》(财政部令113号);《事业单位财务规则》(财政部令第108号)第四十条、第四十一条。

处理意见:依据上述规定和《中华人民共和国审计法》(2021年修正)第四十五条和第四十六条有关规定。

(二)国有资产处置未经评估

审计方法和步骤:核查国有资产处置(拍卖、有偿转让、置换)时有没有符合资质要求的评估报告。

定性依据:《行政单位国有资产管理暂行办法》(2017年修正)第三十六条和《事业单位国有资产管理暂行办法》(2017年修正)第三十八条。

处理意见:依据《财政违法行为处罚处分条例》(2011年修订)第八条。

(三)将国有资产无偿提供给他人使用

审计方法和步骤:实地盘点固定资产,查看保管、使用情况,与账面固定资产核对,是否存在不一致情况,是否转借他人,未收取租金或费用。

定性依据:国务院机关事务管理局《中央行政事业单位国有资产管理暂行办法》(国管资〔2009〕167号)第二十一条、财政部《中央垂直管理系统行政单位国有资产管理暂行实施办法》(财行〔2007〕647号)第二十七条、财政部《中央级事业单位国有资产使用管理暂行办法》(财教〔2009〕192号)第九条、财政部《行政单位财务规则》(财政部令第113号)第四条、财政部《行政单位国有资产管理暂行办法》(2017年修正)第十九条、财政部《关于实施〈中央行政单位国有资产处置收入和出租出借收入管理暂行办法〉有关问题的补充通知》(财行〔2009〕567号)、财政部《事业单位国有资产管理暂行办法》(财政部令第36号)第二十条。

处理意见:依据《财政违法行为处罚处分条例》(2011年修订)第八条、国务院机关事务管理局《中央行政事业单位国有资产管理暂行办法》(国管资〔2009〕167号)第四十三条、国务院机关事务管理局《中央行政事业单位国有资产处置管理办法》(国管资〔2009〕168号)第三十九条、财政部《行政单位国有资产管理暂行办法》(2017年修正)第五十条。

(四)未经批准擅自处置国有资产

审计方法和步骤:查阅被审计单位处置国有资产的审批手续,有没有未经批准自行处置。

定性依据:《行政单位国有资产管理暂行办法》(2017年修正)第二十九条和《事业单位国有资产管理暂行办法》(2017年修正)第二十五条。

处理意见:依据《财政违法行为处罚处分条例》(2011 年修订)第八条。

十一、银行账户管理、公务卡结算规定方面存在的问题

(一)未按规定开立、变更银行结算账户

审计方法和步骤:审阅单位银行账户台账、审批、备案手续,核查账户开立、变更等程序是否符合规定。

定性依据:《行政事业单位银行账户管理暂行办法》第四条、第六条、第八条。

处理意见:依据《财政违法行为处罚处分条例》(2011 年修订)第十一条。

(二)未按规定使用公务卡

审计方法和步骤:审阅单位记账凭证以及公务卡办卡登记表等原始资料。对比实际人员,检查公务卡使用人员数量及情况;核查单位职工在公务活动(按规定发生的差旅费、会议费、招待费和零星购买支出等费用)中是否使用了公务卡进行结算,以及未使用公务卡进行结算的原因。

定性依据:《党政机关厉行节约反对浪费条例》第十一条。

处理意见:依据上述规定,……。

第四节 财政财务管理和经济风险防范审计的案例

案例一

××县 2020 年度县级预算执行和其他财政收支情况审计的经验做法总结

一、项目简况

县级预算执行和其他财政收支审计每年都是该审计局的重头戏。其将研究贯穿审计全过程,研究政策,研究审计对象,研究组织方式和审计方法措施,做到心中有数、有的放矢,取得了较为理想的效果。

(一)案件线索移送处理有影响

通过审计、延伸调查,向县纪委、监委移送案件线索 4 件,移送人员涉及正科级干部 3 名、其他干部 12 名,其中 4 人被立案、1 人被判刑。

(二)查出问题金额较大

通过审计共查出问题金额 2.62 亿元。

（三）揭露了乡镇村居财务管理不规范等问题，寻求县政府、人大支持，催生了一系列制度文件出台

一是在审计报告中揭示了挪用专项资金、财务管理不规范、国资管理不到位等问题，提出了可行的审计建议；二是撰写了《跟踪资金流向强化监督问效——"六个聚焦"之聚焦"财政资金使用"审计情况综述》《强化监管，增强专项资金使用绩效》和《健全机制，堵塞民生补贴监管漏洞》等多篇审计要情，向县委、县政府主要领导汇报审计情况及处理建议，得到了县委书记、县长等县领导批示，催生了诸如《关于进一步规范村级财务管理和监督的实施办法》、《××县政府投资建设项目管理暂行办法》等一系列规范性文件制度。

（四）整改效果较好

1.追回违规资金并上缴县财政的金额较大

此次审计共处理违规资金151.518万元，其中直接收缴县财政资金52.812万元，移送县纪委监委处理，县退役军人事务局清退收缴98.706万元。

2.问题整改较为到位，出台了相应的规范性文件制度

被审计单位问题整改较为到位，并出台了多层级一系列规范性文件制度。

二、项目实施经验做法

从审计方法技术上凸显大数据特色元素，采用"总体分析、发现疑点、分散核实、精准定位、系统研究"的数字化审计模式，采取现场审计与大数据审计相结合，积极探索大数据审计模式。从被审计单位采集指标数据、支付系统数据、非税收入数据、账务系统序时账数据、公职人员信息表、财政补贴一卡通等数据，将这些数据清理导入数据库，然后进行技术分析比对，以此确定预算执行情况，查找大财政预算执行问题，分析可能存在的虚报冒领，找出关键人，分析非税缴款人，查找可能存在的违规收费行为等。

审计组成员在研究中审计，在审计中研究，形成大数据审计成果，可以发现更多的问题，更有效地完成审计任务。

案例二

××区2021年度区级预算执行和其他财政收支情况审计

一、项目概况

2021年，××区根据《中华人民共和国审计法》和《××省本级预算执行情况审计监督暂行办法》的规定，对2021年度的预算执行进行审计，以规范财政管理，严肃财经纪律，维护《预算法》权威，更好发挥审计在党和国家监督体系中的重要作用。

二、审计发现的主要问题

(一)2021年度区级预算执行和财政财务管理审计发现的主要问题

2021年度全区一般公共预算收入完成35.508亿元,上级补助收入13.824亿元,置换债务转贷收入3.792亿元,调入资金15.792亿元,动用上年预算稳定调节基金340.8万元。全区实际支出40.836亿元,收支相抵,实现平衡。"三保"预算项目执行数33.336亿元,占一般公共预算支出的97.956%。审计发现的主要问题:

1.预算编制不规范

2021年,将非区级预算单位部分收支纳入区级预算管理,涉及金额432万元;部分支出预算列入财政局科室项目,未细化到部门、基层单位、具体项目。

2.预算执行不到位

2021年,预算资金连续结转两年以上,未收回使用;政府购买服务未与承接主体签订合同。

3.预算绩效管理不完善

2021年度区级预算绩效管理结果公开不到位;未将绩效结果应用情况纳入考核范围;对预算单位整改情况缺少监督;个别项目未按规定纳入项目库管理,涉及金额22.344万元。

(二)2021年度区直部门单位预算执行审计发现的主要问题

本次预算执行审计涉及7个区直一级预算单位(结合7个区管领导干部任期经济责任审计)。审计结果表明,2021年度各部门预算管理水平有所提高,各单位预算及"三公"经费预算按时公开。但审计也发现一些问题:

1.预算管理方面

3个单位部分支出应编入但未编入年度预算;1个单位存在将所属部门预算项目列入局本级预算、项目预算未细化等问题。

2.财务核算方面

个别单位存在未盘活沉淀资金等问题;个别单位存在白条抵库、未及时上缴非税收入、往来款长期挂账、会计核算不规范等问题。

3.资产管理方面

个别单位存在未履行政府采购手续、无预算进行政府采购等问题,涉及金额126.16万元;个别单位存在固定资产管理不规范等问题,涉及金额24.34万元。

4.资金绩效方面

个别单位存在预算资金未充分发挥效益、专项资金未及时拨付等问题,涉及金额176.364万元。

5.重大政策落实方面

个别单位存在向不符合条件的学前儿童发放助学金、符合条件的学生应享受但未享受助学金、向不符合标准人员发放特困补贴等问题,涉及金额2.51万元。

三、下一步工作打算和审计建议

对于审计发现的问题,区审计局已向区委审计委员会和区政府作了详细汇报,并依法及时进行了处理。下一步,区政府将督促有关部门单位认真整改,并检查审计结论落实情况。为进一步规范预算执行管理,提高财政资金使用效益,推动我区经济社会健康协调发展,针对存在的问题,提出以下建议:

(一)推动重大政策措施落地

围绕全面落实"六稳""六保"任务,加强各项政策措施的统筹协调和有序推进。围绕区委区政府重点工作,统筹资源配置力度,深化体制改革。

(二)促进财政政策提质增效

采取多项措施促进财政增收节支,充分挖掘增收潜力,多措并举,促进财政增收。继续落实"过紧日子"要求,全面清理盘活各类结余结存资金,统筹用于保障重点领域支出。加强项目统筹规划,规范资金拨付,确保财政资金发挥实效。

(三)规范单位资产管理

加强对单位、部门的资产管理,理顺权属关系,保证资产的真实性、完整性及保值增值。健全规范透明的国有资产管理体系,完善管理使用制度,不断提高国有资产管理水平。

(四)规范部门财务行为

提高部门预决算编报水平,将全部收支纳入预算管理,进一步压缩"三公"经费和会议培训经费开支。清理单位实有资金账户,收缴沉淀财政资金,清理挂账的应收账款。加强专项资金管理,强化重点项目督查,加大对不作为、乱作为的问责力度。健全财务机构人员配置,加强业务培训,加大对基层单位的监督检查,提高财务管理水平。

思考题

1.财政财务管理与经济风险防范审计的重点内容是什么?

2.在上述财政财务管理与经济风险防范审计中发现的常见问题种类有哪些?

第七章　民生保障和改善审计

(学)(习)(目)(标) ....

1.理解民生保障和改善审计的重点内容

2.了解民生保障和改善审计使用的审计方法

3.了解脱贫、医疗、社会保险基金、社会救助和福利、促进就业政策落实审计和优抚安置资金审计方面的违法违规问题,以及其定性、处理处罚的依据

4.结合案例,理解民生保障和改善审计的审计方法的具体应用

民生保障与人民幸福安康息息相关,民生保障和改善审计是领导干部经济责任审计的重要板块。党的十九大报告中,把"在发展中保障和改善民生"作为习近平新时代中国特色社会主义思想的 14 个基本方略之一,民生保障的重要性决定了民生保障和改善审计的重要性。

第一节　民生保障和改善审计的重点内容和方法

一、民生保障和改善审计的重点内容

1.脱贫情况

重点关注:是否贯彻落实中央、地方党委关于扶贫工作方面的精神和要求;政府采取的精准扶贫、精准脱贫措施是否有效,脱贫攻坚目标责任是否完成;扶贫资金的管理使用是否合规;贫困人口的义务教育、基本医疗、住房是否安全保障;脱贫目标是否实现。

2.教育、医疗、卫生情况

重点关注:地区教育、医疗、卫生等是否得到持续改善和提高;教育、文化、医疗、卫生财政资金投入是否与经济发展速度相匹配,是否满足人民群众实际需求。

3.社会保障情况

重点关注:养老、医疗、失业、社会救助等是否实现城乡全面覆盖;社会保障资金的筹集、管理和使用的总体情况,是否存在财政资金投入不足、保障水平不高、群众得不到实惠等问题;保障性住房建设质量和配套设施是否达到规定标准;保障性住房分配和住房补贴发放是否合法合规、公平公正。

4.就业情况

重点关注:新增城镇就业人数、新增职业教育和就业培训机构数、新增职业教育和就业培训人数等情况;劳动就业专项资金的投入、管理和使用情况等。

二、民生保障和改善审计的方法

1.收集文件资料。

(1)政府工作报告,地方人民代表大会作出的决议,地方政府全体会议、常务会议和专题会议的会议记录纪要等。从地方政府办公厅(室)等收集资料。

(2)政府文件、地方政府领导批示指示和有关批办单、收发文登记簿和地方政府办公厅(室)等文件管理系统电子数据。从地方政府办公厅(室)等收集资料。

(3)年度工作总结、领导干部履行经济责任的述职报告、与上级党委政府或受上级党委政府委托的有关部门签订的目标责任书及其完成情况、上级党委政府及有关部门的有关考核文件等。从地方党委办公厅(室)、地方政府办公厅(室)、地方政府政策研究室、发展改革委(办)、财政厅(局)、统计局等收集资料。

(4)民生方面的数据。包括义务教育在校人数、教育经费保障和投入、医疗卫生经费保障和投入、参保人数、社会保障基金收入、社会保险费收入、棚户区改造、农村危房改造、新增就业调查数据、职业教育和培训机构数据、贫困人口、扶贫专项资金投入等,以及上级政府有关部门相关考核结果等。从地方政府办公厅(室)、财政厅(局)、教育厅(局)、卫生厅(局)、人力资源和社会保障厅(局)、统计局、扶贫办等收集资料。

2.审查政府研究制定的脱贫政策措施,是否按照中央关于扶贫工作的精神和要求建立健全政策制度,推进脱贫攻坚;综合分析扶贫项目、资金、贫困人口等数据,核查资金管理使用是否合法合规。

3.审查政府研究制定的教育、医疗、卫生政策,审查教育经费、医疗卫生保障和投入情况,评估地区教育、医疗卫生事业发展的总体情况。

4.审查政府研究制定的社会保障政策,运用计算机审计技术,综合分析养老保险、医疗保险、失业保险、工伤保险、生育保险、社会救助、保障性安居工程等数据,评估社会保障覆盖率及其保障程度;审查社会保障资金使用是否合法合规,是否存在套取、挤占挪用、违规投资运营社会保障资金等问题。

5.审查政府研究制定的就业政策措施,综合分析新增就业人数、失业调查人数、职业教育和培训人数等数据,评估就业政策是否健全完善;评估就业专项资金管理使用是否合法合规等。

第二节　发现的常见问题种类及其定性、处理处罚依据

一、脱贫方面常见违法违规问题及定性依据

(一)建档立卡贫困户精准识别方面问题

1.常见问题表现形式
(1)认定的扶贫对象不符合扶贫建档立卡标准。
(2)符合扶贫标准的人员未被纳入建档立卡系统。

2.相关定性依据
(1)《中共中央国务院关于打赢脱贫攻坚战的决定》第三条。
(2)国务院扶贫办印发的《扶贫开发建党立卡工作方案》(国开办发〔2014〕24号附件)第二条。

3.相关处理处罚依据
(1)《关于做好2017年度扶贫对象动态管理工作的通知》(国开办司发〔2017〕36号)第三条。
(2)中共中央办公厅、国务院办公厅印发的《脱贫攻坚责任制实施办法》第二十五条。
(3)《国务院扶贫开发领导小组关于开展扶贫领域作风问题专项治理的通知》第三条。

(二)虚假脱贫方面问题

1.常见问题表现形式
(1)脱贫认定工作不精准,即未达到"两不愁、三保障"标准而被认定脱贫:贫困人

口未实现不愁吃、不愁穿,未达到义务教育、基本医疗和住房安全有保障等标准而被认定为脱贫,贫困村退出时贫困发生率未达到 3‰ 以下,村内基础设施、基本公共服务、产业发展、集体经济收入等未达标而退出,易地扶贫搬迁户未入住而被认定为脱贫等。

(2)虚增收入等数字造假被脱贫,将贫困户预期收入计作实际收入,将半成品收入算成已实现收入来拔高收入,编造虚增村集体经济收入来达到贫困村退出标准。

(3)未落实脱贫不脱政策,对已脱贫贫困户未继续进行政策扶持,导致其脱贫后又返贫。

2.定性依据

(1)《中共中央办公厅、国务院办公厅关于建立贫困退出机制的意见》第一条。

(2)《关于做好 2017 年度扶贫对象动态管理工作的通知》(国开办司发〔2017〕36号)第二条。

3.相关处理处罚依据

(1)《中共中央国务院关于打赢脱贫攻坚战的决定》第三条。

(2)《中共中央办公厅、国务院办公厅关于建立贫困退出机制的意见》第一条。

(三)财政专项扶贫资金管理方面问题

1.常见问题表现形式

(1)上级财政部门未及时下达财政专项扶贫资金,或扶贫资金闲置,"趴在账上睡觉"。

(2)涉农资金统筹整合政策未落实。未制定统筹整合方案或者虽然制订了方案,但扶贫项目和资金仍分头管理,未实现实质性整合使用。

2.定性依据

(1)《中央财政专项扶贫资金管理办法》(财农〔2017〕8 号)第十三条、第十四条、第十六条。

(2)《财政扶贫资金报账制管理办法(试行)》(财农〔2001〕93 号)第六条。

(3)《国务院办公厅关于支持贫困县开展统筹整合使用财政涉农资金试点的意见》(国办发〔2016〕22 号)。

3.相关处理处罚依据

(1)《财政违法行为处罚处分条例》(2011 年修订)第六条。

(2)国务院印发的《推进财政资金统筹使用方案》(国发〔2015〕35 号附件)第三条。

(3)《国务院办公厅关于支持贫困县开展统筹整合使用财政涉农资金试点的意见》(国办发〔2016〕22 号附件)第一条。

二、医疗方面常见违法违规问题及定性依据

(一)医疗方面财政补助资金拨付不到位

1.常见表现形式

(1)某级政府财政部门截留滞拨上级财政补助资金。

(2)地方财政未按规定落实应补助医疗方面资金。

2.定性依据

(1)《中华人民共和国预算法》(2018年修正)第五十二条、第五十七条。

(2)财政部、国家卫生健康委、国家医疗保障局、国家中医药管理局《关于印发基本公共卫生服务等5项补助资金管理办法的通知》(财社〔2019〕113号)附件1《基本公共卫生服务补助资金管理办法》第四条、第八条。

(3)财政部、国家卫生健康委、国家医疗保障局、国家中医药管理局《关于印发基本公共卫生服务等5项补助资金管理办法的通知》(财社〔2019〕113号)附件5《重大传染病防控补助资金管理办法》第七条。

3.相关处理处罚依据

(1)《财政违法行为处罚处分条例》(2011年修订)第六条。

(2)《中华人民共和国预算法实施条例》(2020年修订)第九十条。

(二)挤占、挪用等违规使用财政补助资金

1.常见表现形式

(1)违规将补助资金用于部门行政经费或平衡财政预算等。

(2)违规将基本公共卫生服务补助资金用于购买大型医疗设备、基础设施建设。

2.定性依据

(1)《中华人民共和国预算法实施条例》(2020年修订)第六十条。

(2)财政部、国家卫生健康委、国家医疗保障局、国家中医药管理局《关于印发基本公共卫生服务等5项补助资金管理办法的通知》(财社〔2019〕113号)附件1《基本公共卫生服务补助资金管理办法》第七条。

(3)《国务院办公厅关于巩固完善基本药物制度和基层运行新机制的意见》(国办发〔2013〕14号)第五条。

3.相关处理处罚依据

(1)《财政违法行为处罚处分条例》(2011年修订)第六条、第十五条。

(2)财政部、国家卫生健康委、国家医疗保障局、国家中医药管理局《关于印发基本公共卫生服务等5项补助资金管理办法的通知》(财社〔2019〕113号)附件1《基本

公共卫生服务补助资金管理办法》第十三条。

(3)财政部、国家卫生健康委、国家医疗保障局、国家中医药管理局《关于印发基本公共卫生服务等 5 项补助资金管理办法的通知》(财社〔2019〕113 号)附件 5《重大传染病防控补助资金管理办法》第十二条。

(三)资金长期闲置未发挥效益

1.常见表现形式

(1)公共卫生补助资金结余未分配使用形成闲置。

(2)公共卫生补助资金结转两年以上未使用形成闲置。

2.定性依据

(1)《中华人民共和国预算法》(2018 年修正)第五十七条。

(2)国务院印发的《推进财政资金统筹使用方案》(国发〔2015〕35 号附件)第二条。

(3)财政部预算司《关于推进地方盘活财政存量资金有关事项的通知》(财预〔2015〕15 号)第一条。

3.处理处罚依据

《财政违法行为处罚处分条例》(2011 年修订)第五条、第六条。

(四)基层医疗卫生机构能力建设不到位

1.常见表现形式

(1)村卫生室设置数量不足。

(2)乡村医生配备数量不足。

(3)基层医疗卫生机构建筑面积不达标。

(4)基层医疗卫生机构床位数不达标。

2.定性依据

(1)《国务院办公厅关于进一步加强乡村医生队伍建设的实施意见》(国办发〔2015〕13 号)第二条。

(2)卫生计生委、发展改革委、教育部、财政部、中医药局印发的《村卫生室管理办法(试行)》(国卫基层发〔2014〕33 号附件)第十三条、第二十条。

(3)住房和城乡建设部、国家发展改革委批准发布的《社区卫生服务中心、站建设标准》(建标〔2013〕62 号附件)第七条、第八条、第九条。

三、社会保险基金方面常见违法违规问题及其定性依据

（一）养老保险政策执行问题及其定性依据

1.常见问题表现形式

（1）未按规定为贫困户、重度残疾人等困难群众建档立卡办理参加基本养老保险。

（2）未按规定为被征地农民、进城务工人员等办理参加基本养老保险。

（3）未按规定为去产能企业安置职工、小微企业职工等办理参加基本养老保险。

2.相关定性依据

（1）《中华人民共和国社会保险法》（2018年修正）第十条、第九十五条、第九十六条。

（2）《国务院关于建立统一的城乡居民基本养老保险制度的意见》（国发〔2014〕8号）第四条。

（3）《国务院关于完善企业职工基本养老保险制度的决定》（国发〔2005〕38号）第三条。

（4）劳动保障部《关于做好被征地农民就业培训和社会保障工作指导意见》（国办发〔2006〕29号附件）第八条。

（5）人力资源和社会保障部、财政部、国务院扶贫办《关于切实做好社会保险扶贫工作的意见》（人社部发〔2017〕59号）第一条、第三条。

（6）人力资源和社会保障部、发展改革委等五部门《关于做好2017年化解钢铁煤炭行业过剩产能中职工安置工作的通知》（人社部发〔2017〕24号）第一条。

（7）国家发展改革委、工业和信息化部、国家能源局、财政部、人力资源和社会保障部、国务院国资委《关于做好2020年重点领域化解过剩产能工作的通知》（发改运行〔2020〕901号）第九条。

（8）人力资源和社会保障部、财政部《关于解决未参保集体企业退休人员基本养老保障等遗留问题的意见》（人社部发〔2010〕107号）第三条。

（二）医疗保险政策执行问题及其定性依据

1.常见问题表现形式

（1）未按规定为困难群众办理参加基本医疗保险。

（2）对困难群众参加基本医疗保险的财政补贴不到位。

（3）城乡大病保险未实现统筹区内"一站式"即时结算。

（4）公立医院改革试点地区按病种付费的病种数少于规定数。

2.相关定性依据

(1)《中华人民共和国社会保险法》(2018 年修正)第二十三条、第二十五条。

(2)《国务院关于加快推进残疾人小康进程的意见》(国发〔2015〕7 号)第二条。

(3)《中共中央 国务院关于深化医药卫生体制改革的意见》第六条。

(4)《国务院办公厅关于进一步深化基本医疗保险支付方式改革的指导意见》(国办发〔2017〕55 号)第三条。

(三)工伤保险政策执行问题及其定性依据

1.常见问题表现形式

(1)"老工伤"等人员未按规定纳入工伤保险统筹管理。

(2)未按规定为进城务工人员办理参加工伤保险。

2.相关定性依据

(1)人力资源和社会保障部、财政部、国资委、原监察部《关于做好国有企业老工伤人员等纳入工伤保险统筹管理的通知》。

(2)人力资源和社会保障部、交通运输部、水利部、能源局、铁路局、民航局《关于铁路、公路、水运、水利、能源、机场工程建设项目参加工伤保险工作的通知》(人社部发〔2018〕3 号)第一条。

四、社会救助和社会福利方面常见违法违规问题及其定性、处理处罚依据

1.常见问题表现形式

(1)未按规定对符合条件的困难家庭给予最低生活保障。

(2)未按规定对符合条件的特困人员给予特困人员供养。

(3)未按规定对受灾人员提供救助。

(4)未按规定对符合条件的困难人员给予医疗救助。

(5)未按规定对符合条件的困难家庭给予住房救助。

(6)未按规定对符合条件的困难家庭成员给予就业救助。

(7)未按规定对基本生活暂时出现严重困难的家庭给予临时救助。

2.相关定性依据

(1)《社会救助暂行办法》(2019 年修订)第九条、第十四条、第二十条、第二十二条。

(2)《城市居民最低生活保障条例》第二条。

(3)中国残联等部门和单位联合印发的《关于加快推进残疾人社会保障体系和服务体系建设指导意见》(国办发〔2010〕19 号附件)第二条。

(4)民政部、财政部、原卫生部、人力资源和社会保障部《关于进一步完善城乡医

疗救助制度的意见》(民发〔2009〕81 号)第二条。

(5)财政部、民政部《关于加强农村最低生活保障资金使用管理有关问题的通知》(财社〔2007〕106 号)第一条。

3.相关处理处罚依据

《社会救助暂行办法》第六十六条。

五、促进就业政策落实方面常见违法违规问题及其定性、处理处罚依据

(一)政府性融资担保支持创业和企业稳定发展政策执行不到位问题及其定性、处理处罚依据

1.常见问题表现形式

(1)政府性融资担保机构支小支农业务规模占比或融资担保费率不符合规定。

(2)部分地方融资担保基金(机构)未开展支小支农融资担保业务。

2.相关定性依据

(1)《融资担保公司监督管理条例》第五条。

(2)《国务院办公厅关于有效发挥政府性融资担保基金作用切实支持小微企业和"三农"发展的指导意见》(国办发〔2019〕6 号)第二条。

(3)《国务院关于促进融资担保行业加快发展的意见》(国发〔2015〕43 号)第三条。

3.相关处理处罚依据

《融资担保公司监督管理条例》第三十七条、第三十九条、第四十条。

(二)创业担保贷款政策执行不到位问题及其定性依据

1.常见问题表现形式

(1)设置不合理的贷款申请限制性条款。

(2)担保基金放大倍率超过国家规定。

(3)未建立风险共担机制。

2.相关定性依据

(1)《国务院关于做好当前和今后一个时期促进就业工作的若干意见》(国发〔2018〕39 号)第三条。

(2)财政部、人力资源和社会保障部、人民银行《关于进一步做好创业担保贷款财政贴息工作的通知》(财金〔2018〕22 号)第一条。

(3)人民银行、财政部、人力资源和社会保障部《关于实施创业担保贷款支持创业

就业工作的通知》(银发〔2016〕202号)第四条。

3.相关处理处罚依据

财政部、人力资源和社会保障部、人民银行《关于进一步做好创业担保贷款财政贴息工作的通知(财金〔2018〕22号)》第九条。

六、优抚安置资金方面常见违法违规问题和定性、处理处罚依据

(一)未按规定落实自主就业退役士兵安置政策问题及其定性依据

1.常见问题表现形式

(1)未按规定调整一次性退役金和一次性经济补助发放标准。

(2)未按规定出台用人单位招用自主就业退役军人优惠政策。

2.相关定性依据

《退役士兵安置条例》第十九条、第二十条、第二十一条。

(二)未按规定落实退役士兵安置政策问题及其定性、处理处罚依据

1.常见问题表现形式

(1)机关、事业单位或国有企业接收退役士兵比例不达标。

(2)退役士兵待安排工作期间未享受社会保险补贴。

(3)退役士兵待安排工作期间未享受生活补助。

(4)接收单位未按规定向未安排上岗退役士兵发放生活费。

2.相关定性依据

(1)《退役士兵安置条例》第三十五条、第三十八条。

(2)退役军人事务部等10部委《关于进一步加强由政府安排工作退役士兵就业安置工作的意见》(退役军人部发〔2018〕27号)第二条。

3.相关处理处罚依据

《退役士兵安置条例》第五十条、第五十一条。

第三节 民生保障和改善审计的案例

案例一

虚报补助对象骗取民政补贴

一、背景简介

2014年,某省审计厅对某省直管市市长进行经济责任审计。针对该市民政专项资金量大面广、群众信访举报多等情况,审计组将民政补助资金发放作为审计重点之一。

二、审计过程及方法

(一)评估内控

审计组在调查民政专项资金的发放流程时,发现制表、付款、审核等所有事项均由乡镇民政(所)办主任一人承办,不符合内部控制中职务不相容的相关要求。经过核查民政资金发放花名册,发现经手人签字、印章、审批等手续基本健全,但退伍军人优抚补贴资金发放金额大,不少年过85岁的退伍军人每年仍在领取优抚补贴资金,审计组决定核查退伍军人优抚补贴资金情况。

(二)比对信息

通过比对民政部门和公安部门的相关数据,发现该市某镇有21名参战退伍人员户籍信息反映已死亡销户,但民政优抚补贴资金仍在继续发放。

(三)查清违规事实

通过延伸上述发放对象,发现该镇民政所长承认通过利用职务之便截留私章和村委公章等方式,套取优抚金5万余元等犯罪事实。随后,审计组扩大战果,进一步查实该市其他16人通过虚报民政补助对象方式骗取民政资金96万元的情况。审计将上述线索移送有关部门办理,相关责任人被依法追究法律责任。

三、审计结果

审计认为,因疏于监管,市长未及时发现并纠正该市民政专项资金管理中普遍发生的违法问题,造成恶劣社会影响,对此应承担领导责任。

案例二 ···

义务教育存在供需矛盾

一、背景简介

2015年,某省审计厅对某市市长进行经济责任审计。针对该市经济高速增长、外来人口大量增加、群众对该市大量非户籍中小学生未能享受免费义务教育反映较多等情况,审计组决定将该市贯彻落实中小学义务教育均等化政策情况作为审计重点。

二、审计过程和方法

(一)多方位收集数据

鉴于学校建设涉及国土、建设、财政、发展改革委等部门,学区选择涉及房产登记、房屋租赁、教育、公安、社保等部门,审计组最终从教育、公安、社保、国土、住建等多个部门取得义务教育相关数据。

(二)多角度查找原因

通过数据分析,审计发现该市近五年在民办学校就读的非户籍中小学生比例近55％,这一比例在市长任期内未出现明显降低。通过研究该市入学相关限制性条件,发现近一半非该市户籍中小学生因上述限制性条件未能享受义务教育待遇。

(三)多趋势分析对策

审计组对该市小一和中一近五年新增学生数与学校提供的学生座位数进行了对比分析,结合教育局未来五年的预测数据,评估得出未来五年该市中小学生入学的压力会不断加大。此外,通过分析对比土地详细规划和土地出让、商品房建设近五年数据和未来五年的预测数据,发现教育用地规划及学校设置未能充分考虑新增人口的变化,该市中小学生教育供需矛盾将持续加大,形势不容乐观。

三、审计结果

审计认为,市长没有分管好教育、规划国土等部门,因此对该市存在的义务教育资源分配不公平、供需矛盾明显等问题,应承担领导责任。

思考题

1.民生保障和改善审计重点涉及哪些方面?

2.民生保障和改善审计的审计方法有哪些?试说明这些审计方法的主要内容。

3.如何理解"民生保障的重要性决定了民生保障和改善审计的重要性"?

4.民生保障和改善审计在审计重点、审计方法方面与公司审计有哪些区别?

第八章 生态文明建设项目、资金等管理使用和效益审计

学习目标

1.掌握生态文明建设项目、资金等管理使用和效益审计的重点内容和方法

2.了解生态文明建设项目、资金等管理使用和效益审计发现的常见问题种类

3.理解生态文明建设项目、资金等管理使用和效益审计的定性、处理处罚依据

2017 年 6 月,中共中央办公厅、国务院办公厅印发了《领导干部自然资源资产离任审计规定(试行)》,该规定是贯彻落实党中央关于加快推进生态文明建设要求的具体体现,是党中央关于生态文明建设战略部署的又一重大成果,对于领导干部牢固树立和践行新发展理念,坚持节约资源和保护环境的基本国策,推动形成绿色发展方式和生活方式,促进自然资源资产节约集约利用和生态环境安全,完善生态文明绩效评价考核和责任追究制度,推动领导干部切实履行自然资源资产管理和生态环境保护责任,具有十分重要的意义。

第一节 生态文明建设项目、资金等管理使用和效益审计的重点内容和方法

一、生态文明建设项目、资金等管理使用和效益审计的重点内容

(一)自然资源资产开发利用及保护情况

重点关注:地区自然资源资产实物量变化和保护情况,地区自然资源资产开发的

合法性、管理的有序性、使用的有效性及生态环境保护的状况。

1.土地资源的开发利用保护情况

包括土地资源管理的耕地保有量、基本农田保护、湿地资源保护等约束性指标及目标责任制完成情况;土地征用和土地出让情况,是否存在不顾地区实际状况,盲目进行土地规划、突破规划控制征用土地、违规征地供地以及土地闲置浪费等问题;是否存在补充耕地数量不实、占优补劣问题,有无擅自决策批准围湖造田、毁林开垦、侵占江河滩地湿地等进行土地整治、破坏生态环境等问题;耕地质量调查监测评价工作完成情况,耕地质量保护与提升政策落实情况,是否存在人为因素造成耕地土壤有机质下降、耕地酸化严重、有效土壤和耕层变薄明显、盐渍化等耕地质量退化问题,是否存在地区内工业项目偷排偷放污水及固体废弃物造成耕地重金属污染严重等问题,有无违规倾倒生活垃圾、建筑业弃土、污水处理厂污泥等造成耕地污染等问题。

2.水资源的开发利用保护情况

包括地区地表和地下水资源储量及水质等级变动情况、水资源开发利用保护措施;水污染防治责任履行情况,是否存在地下水严重超采、侵占江河湖泊面积、违法设置入河排污口,以及重大水污染事件及处置情况;洗浴、洗车、水上娱乐等高耗水项目,以及造纸、化工等高耗水高污染项目建设情况,是否符合国家产业政策要求,审批是否符合规定。

3.森林资源的开发利用保护情况

包括地区森林资源受人为和自然因素的影响程度,人为因素造成林木损毁和森林面积不合理减少、质量下降的情况,是否存在火灾和病虫害隐患,是否存在违规占用林地、超限额采伐、乱批滥占、乱砍滥伐、无证采伐和运输等,以及天然林资源保护、退耕还林等重点生态保护工程建设任务完成情况。

4.矿产资源的开发利用及保护情况

包括地区探矿权和采矿权管理情况、主要矿产资源保有储量和实际开采情况等,是否存在违规交易矿业权、无证开采、超量开采矿产以及地区矿产资源开发混乱无序,造成资源损失浪费、环境严重破坏等问题,是否存在领导干部利用权力为自己或他人谋取利益等;生态环境保护地区内矿产资源开发情况,保护地区内生态环境是否遭到破坏,是否落实限制或禁止开发有关规定,已开发活动是否逐渐有序退出并及时恢复生态环境;矿山生态环境恢复治理和环境影响评价制度落实情况,以及历史遗留的矿山地质环境恢复治理和矿区土地复垦工作进展情况,是否存在新的矿业开发或超标排放造成土地破坏、环境污染等。

(二)生态环境保护情况

重点关注:地区生态环境的变化趋势;根据地区实际研究制定生态环境保护规划、制度、约束性指标及执行情况。

1.环境保护政策落实情况

制定地区经济发展规划时是否进行环境影响评估,是否执行最严格生态环境保护制度;是否以牺牲生态环境为代价,不顾长远发展盲目引进项目;是否完成节能减排、淘汰落后产能等有关责任目标任务;是否发生重大环境污染事件或者严重环境破坏事件以及作出的处理处罚情况。

2.水、大气等质量等级变化情况以及生产生活污水排放情况

城市污水处理和城乡生活垃圾无害化处理情况,大气污染防治有关约束性指标完成情况,人为因素造成空气质量下降、大气污染的情况,是否严格执行脱硫电价、脱硝电价等经济政策情况,是否存在超标排放或偷排偷放情况及处罚不到位等。

3.生态环境保护其他情况

环境治理资金筹集分配和使用情况,环境治理项目实施及运行情况,环境影响评估、审批及执法等制度和措施的执行情况等。

二、生态文明建设项目、资金等管理使用和效益审计的方法

(一)收集文件资料

1.从地方政府办公厅(室)等收集资料

政府工作报告,地方人民代表大会作出的决议,地方政府全体会议、常务会议和专题会议的会议记录纪要,地方政府主要领导批示指示和有关批办单、收发文登记簿等。

2.从地方政府办公厅(室)等收集资料

自然资源资产开发利用及生态环境保护管理制度、规划、出让转让等文件。

3.从其他机构收集资料

年度工作总结,被审计政府主要领导干部履行经济责任的述职报告,与上级党委政府或受上级党委政府委托的有关部门签订的有关环境保护目标责任书及其完成情况,上级党委政府及有关部门的有关约束性指标、考核文件等。从地方党委办公厅(室)、地方政府办公厅(室)、地方政府政策研究室、发展改革委(办)、财政厅(局)、统计局、环境保护厅(局)等收集资料。

(二)审阅地区出台的自然资源资产和生态环境保护政策制度

关注是否与国家有关法律法规、有关方针政策相一致,是否符合地区经济社会发展实际,是否存在制度缺陷和漏洞等。

(三)审阅土地、矿产、森林、水等自然资源资产规划、文件等资料

了解自然资源资产总体情况,综合分析有关数据,关注其开发利用是否符合国家有关规定,是否与地区经济社会发展速度相匹配,是否存在过度开发、盲目开发等问题,关注开发利用效果,是否存在重大损失浪费、环境破坏等问题,是否违规开发、出让、占用或损毁耕地、林地、草地;土地、矿产等资源出让转让决策程序是否合法合规,是否存在国有资产流失、侵害群众利益等问题。

(四)审查有关环境保护责任制

关注地区生态环境治理责任是否落实到位,生态环境保护目标是否按期完成,是否违规减免、返还、缓征排污费,是否严格查处环境违法行为,是否存在因人为因素或监管职责履行不到位导致地区发生重大环境污染事件或者严重环境破坏事件等。

(五)核实自然资源数量,监测水质、大气质量等

采取 GIS(地理信息系统)等地理信息技术、实地勘察核实、现场取样测试等方式,对土地、森林等自然资源调查结果进行分析对比,核实自然资源数量,对水质、大气质量等进行监测。

第二节　发现的常见问题种类及其定性、处理处罚依据

一、贯彻执行中央生态文明建设方针政策和决策部署方面的问题及其定性、处理处罚依据

(一)生态文明体制改革相关任务推进落实不到位问题及其定性、处理处罚依据

1.常见问题表现形式

(1)领导干部本人、政府及有关部门对所在地区承担的改革任务未部署、未落实。

(2)领导干部本人、政府及有关部门对所在地区承担的改革任务未采取措施有效推进,改革任务进度迟于计划安排。

(3)领导干部本人、政府及有关部门对所在地区承担的改革任务采取的措施跟进

监督不够。

(4)领导干部本人、政府及有关部门对上报的改革任务工作总结等材料把关不严,相关情况与实际严重不符。

(5)改革任务虽然按时完成,但实施效果不佳。

2.相关定性依据

(1)中共中央、国务院《关于加快推进生态文明建设的意见》第三十五条。

(2)中共中央、国务院《生态文明体制改革总体方案》第五十二条。

(3)《中国共产党重大事项请示报告条例》第四条、第十二条。

3.相关处理处罚依据

(1)《中国共产党问责条例》(2019年修订)第七条。

(2)《中国共产党重大事项请示报告条例》第四十四条。

(二)国家有关自然资源资产和生态环境保护重大战略贯彻落实不到位问题及其定性、处罚依据

1.常见问题表现形式

(1)领导干部本人、政府及有关部门对中央领导同志或上级领导关于资源环境问题的指示、批示落实不力。

(2)领导干部本人、政府及有关部门违反国家重大战略发展规划有关资源环境限制性要求。

2.相关定性依据

(1)《中国共产党重大事项请示报告条例》第十四条。

(2)《中共中央国务院关于统一规划体系更好发挥国家发展规划战略导向作用的意见》第(十三)项。

3.相关处理处罚依据

(1)《中国共产党重大事项请示报告条例》第四十四条。

(2)《党政领导干部生态环境损害责任追究办法(试行)》第五条。

二、遵守自然资源资产管理和生态环境保护法律法规方面的问题及其定性、处理处罚依据

(一)领导干部所在地或所在部门的重大经济活动不符合国家资源环境法律法规问题及其定性、处罚依据

1.常见问题表现形式

(1)违规批准不符合国家资源环境法律法规的建设项目立项。

(2)违规在重大建设项目取得资源环境相关手续前,批准项目开工建设。

(3)违规批准不符合国家资源环境法律法规的建设项目投产使用。

2.相关定性依据

(1)《中华人民共和国矿产资源法》(2009年修正)第十六条。

(2)《中华人民共和国水土保持法》(2010年修订)第二十五条、第二十六条、第二十七条。

(3)《中华人民共和国海域使用管理法》第十八条。

(4)《矿产资源勘查区块登记管理办法》(2014年修订)第四条。

(5)《矿产资源开采登记管理办法》(2014年修订)第三条。

(6)《建设项目环境保护管理条例》(2017年修订)第十五条。

(7)《国务院办公厅关于规范国有土地使用权出让收支管理的通知》(国办发〔2006〕100号)第一条。

(8)原国土资源部、财政部、人民银行等4部门《关于加强土地储备与融资管理的通知》(国土资发〔2012〕162号)第五条。

3.相关处理处罚依据

《党政领导干部生态环境损害责任追究办法(试行)》第五条、第六条、第七条。

三、自然资源资产管理和生态环境保护重大决策方面问题及其定性、处理处罚依据

(一)领导干部所在地区落实主体功能区规划、全国国土规划、城乡规划等要求不到位问题及其定性、处理处罚依据

1.常见问题表现形式

(1)领导干部本人决策或参与集体研究决策的园区开发、重大投资项目建设等不符合主体功能区规划、土地规划、城乡规划等要求。

(2)领导干部本人或参与集体研究有关土地、矿产、森林等自然资源开发利用决策不符合主体功能区规划、土地规划、城乡规划等要求。

2.相关定性依据

(1)《中华人民共和国城乡规划法》(2019年修正)第九条、第四十五条、第五十一条。

(2)国务院印发的《全国主体功能区规划》(国发〔2010〕46号附件)第十三章第二节。

(3)国务院印发的《全国国土规划纲要(2016—2030年)》(国发〔2017〕3号附件)第十章第二节。

3.相关处理处罚依据

(1)《中华人民共和国城乡规划法》(2019年修正)第六十条、第六十一条。

(2)《党政领导干部生态环境损害责任追究办法(试行)》第五条、第六条、第七条、第八条。

(二)领导干部本人决策或参与研究集体决策落实环境影响评价有关要求不到位问题及其定性、处理处罚依据

1.常见问题表现形式

(1)审批、审签同意或同级政府决定的重大规划未按要求进行环境影响评价。

(2)审批、审签同意或同级政府决定的重大项目未按要求进行环境影响评价。

2.相关定性依据

(1)《中华人民共和国环境影响评价法》(2018年修正)第七条、第八条、第十六条。

(2)《中华人民共和国环境保护法》(2014年修订)第十九条。

3.相关处理处罚依据

《中华人民共和国环境影响评价法》(2018年修正)第二十九条、第三十一条。

四、完成自然资源资产管理和生态环境保护目标方面的问题及其定性、处理处罚依据

(一)领导干部所在地区或所在部门职责范围内自然资源资产管理和生态环境保护等方面的约束性指标未完成

1.常见问题表现形式

(1)未完成约束性指标年度目标。

(2)未完成约束性指标规划期目标。

2.相关定性依据

(1)《中华人民共和国国民经济和社会发展第十三个五年规划纲要》第二节。

(2)中共中央办公厅、国务院办公厅《关于建立健全国家"十三五"规划纲要实施机制的意见》第十五条。

(3)各专项规划约束性目标、目标责任书设定目标。

3.相关处理处罚依据

《中共中央、国务院关于加快推进生态文明建设的意见》第二十六条。

(二)领导干部所在地区或所在部门职责范围内大气、水、土壤污染防治等行动计划目标未完成问题及其定性、处理处罚依据

1.常见问题表现形式

(1)未完成空气环境质量考核目标。

(2)未完成水环境质量考核目标。

(3)未完成土壤环境质量考核目标。

2.相关定性依据

(1)国务院印发的《大气污染防治行动计划》(国发〔2013〕37号附件)第二十七条。

(2)国务院印发的《水污染防治行动计划》(国发〔2015〕17号附件)第三十二条。

(3)国务院印发的《土壤污染防治行动计划》(国发〔2016〕31号附件)第十条。

3.处理处罚依据

国务院印发的《大气污染防治行动计划》(国发〔2013〕37号附件)第二十八条。

五、组织自然资源资产和生态环境保护相关资金征管用和项目建设运行方面的问题及其定性、处理处罚依据

(一)领导干部所在地区或所在部门相关税费、政府性基金以及有偿收入征收、分配问题及其定性、处理处罚依据

常见问题表现形式、定性依据、处理处罚依据见水资源(环境)和海洋资源(环境)、能源节约集约利用、土地资源、矿产资源、林业资源、草原资源部分同类内容。

(二)领导干部所在地区自然资源资产和生态环境保护资金普遍安排不到位、管理使用存在的问题及其定性、处理处罚依据

常见问题表现形式:

(1)财政预算安排资金投入无法满足相关工作需要。

(2)财政投入自然资源管理和生态环境保护资金被挤占挪用。

(3)财政投入自然资源管理和生态环境保护资金长期闲置、整合不到位、分配使用不合理等。

相关定性、处理处罚依据见水环境和海洋环境、节能减排、土地资源、矿产资源、林业资源、草原资源部分同类内容。

第三节　生态文明建设项目、资金等管理使用和效益审计的案例

案例一

贯彻落实耕地保护政策不到位

一、背景简介

2022年，审计署某特派办对某省省长开展经济责任审计。该省一些县市乱占耕地、违法批地现象严重，审计组将省长任职期内贯彻落实耕地保护政策情况作为一项重要的审计内容。

二、审计过程和方法

（一）收集整理信息

收集整理地理信息系统数据、土地利用总体规划数据、国有土地权证数据、土地利用数据、基本农田规划数据以及国土部门土地普查"二调"基础数据等，进行初步综合比对。

（二）发现核查疑点

使用核查软件对上述数据进行叠加运算，发现该省在基本农田规划地区内颁发了非农业用途土地权证的疑点。在此基础上，按照行政地区进行汇总统计，得到各县市占用基本农田用于非农业用途的权证的总体情况，为总体评价省长履行耕地保护责任情况奠定了基础。

（三）确定违规事实

审计通过实地勘察重要疑点、与国土部门核实查询结果等方式，查明截至2022年6月底，该省划定的近千万亩基本农田中，近××万亩不实，未能完成国务院下达的耕地保护任务。

三、审计结果

审计认为，该省贯彻落实耕地保护政策不到位，省长作为耕地保护第一责任人，对此承担直接责任。

案例二 ....

违规决策造成巨额国有土地出让收益流失

一、背景简介

2022年,审计署某特派办对某副省级城市市长进行经济责任审计。该市房地产市场和城市建设发展迅猛,鉴于市长担任该市城规委主任和土委会主任的情况,审计组决定将大宗土地招拍挂和用地性质变更、容积率调整作为重大经济决策情况的重点审计内容。

二、审计过程和方法

(一)收集审阅资料

通过审阅城规委、土委会、专家评审会相关会议记录纪要,以及规划局、国土局掌握的市长批示文件清单,梳理上述会议研究的重大土地出让项目情况、容积率调整、用地性质变更项目清单等。

(二)分析排查疑点

根据会议记录显示的提出异议人数、土地出让收入资金量、调容比例、由低价值用地执行调整为高价值用地性质排序,发现××商住楼项目存在土地用地性质调整、容积率调高、土地增值明显等疑点。在专家评审会议中,四分之一的专家提出容积率过高、增加周边地段交通压力等异议。

(三)查清违规事实

通过调查市规划局规划审批资料、市国土局相关土地出让金测算结果、建设××商住楼项目的民营企业等,发现上述项目的土地变性、项目调容经过市长主持的相关会议集体研究决定,按照专家评审与测算评估加权平均的方式,确定该项目用地补缴土地出让金9 600万元。审计查明,该企业实际应补缴土地出让金1.8亿元,且涉嫌借用其他房地产公司开发资质建设××商住楼项目。

三、审计结果

审计认为,市长作为城规委主任和土委会主任,主持会议研究决定土地变性、项目调容、选用不合理的补缴土地出让金计算方法等,造成巨额土地出让收益流失,应对此承担领导责任。

思考题

1. 生态文明建设项目、资金等管理使用和效益审计发现的常见问题种类有哪些?

2. 生态文明建设项目、资金等管理使用和效益审计的重点内容是什么?

3. 生态文明建设项目、资金等管理使用和效益审计的方法是什么?

第九章　落实有关党风廉政建设责任和遵守廉洁从政规定审计

学习目标

1.了解在经济活动中落实有关党风廉政建设责任和遵守廉洁从政规定审计的重点内容

2.理解党政领导人员违反中央八项规定精神及其实施细则方面常见问题

3.掌握党政领导人员廉洁从政方面常见问题

第一节　在经济活动中落实有关党风廉政建设责任和遵守廉洁从政规定审计的重点内容

主要检查被审计领导干部作为党政工作部门党风廉政建设第一责任人,在经济活动中加强党风廉政建设方面职责履行情况,包括但不限于:

(1)被审计领导干部、班子成员是否存在违反中央八项规定精神及其实施细则等问题;

(2)被审计领导干部、班子成员是否存在违规经商办企业、违规持股、超配办公用房、办公用车等问题;

(3)被审计领导干部、班子成员履行党风廉政建设第一责任人职责,推进单位相关制度建立健全和执行情况等。

促进地方党政主要领导干部以身作则,坚持全面从严治党,模范遵守党纪党规,正确行使权力、廉洁从政,为推动地方健康可持续发展提供有力保障。

第二节　发现的常见问题种类和定性、处理处罚依据

一、党政领导人员违反中央八项规定精神及其实施细则方面常见问题

（1）办公用房面积超标准、超标准豪华装修、超标准配备高档办公用品等。

（2）违规公车私用，超标准配备公务用车，为公务用车配备豪华内饰，占用所属单位或关系单位、关系人车辆供领导人员使用，给已配备公务用车的党政领导人员发放公务交通补贴等。

（3）违规使用公款，为领导人员办理运动健身卡、会所和俱乐部会员卡、高尔夫球卡等各种消费卡，购买中外名著等与工作无关的装饰性图书，承担应由领导个人承担的宴请、娱乐、赠送礼品及培训等费用，为领导人员承担各种学历教育以及为取得学位而参加的在职教育费用。

（4）违规在旅游风景名胜区或高档酒店召开培训会议，借培训会议名义安排旅游，在培训会议中配备高档生活用品、办公用品或安排高消费娱乐活动，出差住宿或乘坐交通工具超标等。

（5）业务接待中超标准接待，违规赠送现金和购物卡、消费卡、商业预付卡等各种有价证券、支付凭证以及贵重物品，公务接待中进行高消费娱乐活动，虚列、隐匿业务招待费，接待报销无接待事由、无来访人员、无陪同人员等。

（6）进行无公务目的的国内差旅活动，开展无实质内容的出访活动，绕道旅行，以过境名义变相增加出访国家和地区，无故延长因公临时出国（境）时间，超标准报销住宿费用或让下级单位、利益关系单位补贴住宿费，超标准乘坐交通工具等。

（7）违规向领导人员发放通讯等各类补贴，高档食材进食堂等。

（8）违规购建高档楼堂馆所，"三公"经费超标等。

二、党政领导人员违反廉洁从政方面常见问题

（1）本人及其配偶、子女及其他特定关系人违规经商办企业、违规持股、违规兼职取酬、违规从事有偿中介活动，亲属或特定关系人依托领导职权或职务上的影响违规开展业务等。

（2）在职或者离职后接受、索取管理单位或有业务关系的单位，以及管理和服务对象提供的物质利益。

（3）以明显低于市场的价格向请托人购买或者以明显高于市场的价格向请托人出售房屋等物品，或者以其他交易形式非法收受请托人财物。

（4）利用企业上市或者上市公司内幕消息、商业秘密以及企业的知识产权、业务渠道等无形资产或者资源谋取利益。

（5）违规兼职取酬，违规领取补贴、奖金或实物，公款打高尔夫球、公款旅游、高档消费等。

（6）离职或者退休后未按规定，在与原任职单位有管辖或业务关系的私营企业和中介机构担任职务、投资入股等。

三、以上问题定性、处理处罚依据

（1）中央八项规定精神及其实施细则等。

（2）《中国共产党纪律处分条例》。

（3）中共中央办公厅、国务院办公厅《党政机关国内公务接待管理规定》（中办发〔2013〕22号）。

（4）《中共西藏自治区委员会贯彻落实中央八项规定精神的实施办法》、中共西藏自治区纪委《关于严禁用公款购买赠送礼品的通知》（藏纪委〔2014〕113号）、《西藏自治区公务接待管理办法》等地方制定的党政领导干部履职待遇相关的各项规章制度。

第三节　在经济活动中落实有关党风廉政建设责任和遵守廉洁从政规定审计的案例

案例一

某开发区管委会公务接待不符合中央八项规定精神等问题案例

一、问题的表现形式

1.公务接待不符合中央八项规定精神及自治区相关接待办法

2017年至2019年，某开发区管委会部分公务接待不符合中央八项规定精神及自治区相关接待办法。一是为接待对象公费购买景点门票，有35笔共计76万元支出，用于购买布达拉宫、大昭寺、罗布林卡等景点参观门票。二是被接待单位未付住宿费，有48笔共计50万元支出用于商务接待住宿，均由管委会所属某协会承担。三是公务接待超标准,在报销公务接待费用时均未附接待公函、接待清单等凭证,接待中存在接待对象均未缴纳伙食费、陪同人员超标、招待次数超标问题。其中,有246笔商务餐饮接待支出超出自治区规定的每人每天120元标准,共计58万元,人均260元/次。

2.公务接待制度与自治区相关规定不相符

该开发区党工委2018年第十次会议议定,出台《某开发区商务接待制度》,规定"在外就餐标准按照一般商务接待200/(人·次)、重要商务接待280元/(人·次)",与《西藏自治区公务接待管理办法》规定的每人每天120元标准不符。

3.管委会向所属某协会转嫁费用

2017年至2019年,所属某协会有10笔共计18.816万元支出与其职能无关。例如,该协会2017年2月购买马克斯威红酒360瓶共计10.356万元,全部被该管委会机关后勤服务中心领取,用于管委会招待使用。

4.违规支出机场服务费(VIP房间通道)19.2万元

2017年至2019年,管委会所属协会以招商引资接待重要客商名义,支出机场服务费(VIP房间通道)19.2万元。部分实为接送管委会主要领导支出,且部分报销笺无报销人签字,报销凭证中无接待清单和公函,部分机场服务公司结算确认单中无被接待客人、主宾、迎送人员信息。

二、上述问题的定性、处理处罚依据

上述问题主要违反了中共西藏自治区委员会《贯彻落实中央八项规定精神的实施办法》第三条"……不上酒,不提供香烟,自助餐也要注意节俭,按规定缴纳食宿费"、中共西藏自治区纪委《关于严禁用公款购买赠送礼品的通知》(藏纪委〔2014〕113号)"……严禁用公款购买赠送冬虫夏草、烟酒、购物卡、电子礼品卡等礼品;……严禁公款报销或变相报销购买礼品的相关费用"、中共中央办公厅国务院办公厅《党政机关国内公务接待管理规定》(中办发〔2013〕22号)第十六条"接待单位不得超标准接待,不得组织旅游和与公务活动无关的参观……"和《西藏自治区本级国内公务接待经费管理办法》(藏财行〔2020〕9号)第二条"公务活动结束后,接待单位应当如实填写接待清单,并由相关负责人审签。接待清单包括接待对象的单位、姓名、职务和公务活动项目、时间、场所、费用等内容"、第八条"……用餐标准为每人每天120元,费用由接待对象交纳"的规定。

案例二

违规安排列支、无预算列支"三公"经费问题案例

一、问题的表现形式

1.违规安排列支"三公"经费问题

2017 年至 2019 年，某市在"项目经费"中违规安排出国出境、接待费及车辆租赁费预算 1 000 万元，实际支出 960 万元，且未如实予以公示。其中在"项目经费"中违规支出接待费 40 万元、出国出境费 20 万元、车辆租赁费 700 万元、车改补助 200 万元。

2.无预算列支"三公"经费问题

某市所属某园区管委会未经上级人大审批及编制部门预算，通过园区管委会财政列支"三公"经费 210 万元。

二、上述问题的定性、处理处罚依据

上述问题主要违反了西藏自治区财政厅《西藏自治区本级部门项目支出预算管理办法》(藏财发〔2013〕21 号)第四条"项目支出预算是部门预算组成部门，是部门为完成其特定的行政工作任务或事业发展目标，在基本支出预算之外编制的年度项目支出计划"和中共中央办公厅、国务院办公厅《党政机关厉行节约反对浪费条例》第八条"党政机关应当……严格控制国内差旅费、因公临时出国(境)费、公务接待费、公务用车购置及运行费……等支出"的规定。

案例三

违规发放津贴补贴问题案例

一、问题的表现形式

1.2017 年至 2019 年，某市园区管委会违规向职工发放生活补贴 110 万元、伙食补助 210 万元。

2.2018 年，某厅所属信息所违规在所属某公司以通讯费名义列支发放本单位人员补贴 70 万元，列支信息所聘用人员工资及休假包干费用 37 万元。

二、上述问题的定性、处理处罚依据

上述问题主要违反了中共中央办公厅 国务院办公厅转发《中央纪委 中央组织部 监察部 财政部 人事部 审计署关于做好清理规范津贴补贴工作的意见》(中办发〔2005〕21 号)"八、组织实施……(二)严格监督检查。规范设立统一的津贴补贴后，各地区各部门和各单位一律不准以任何名义自行发放津贴补贴"和中央纪委《关于规范公务员津贴补贴问题的通知》(中纪发〔2006〕17 号)"三、工作要求 规范公务员津贴补贴后，各部门、各单位一律不准自行新设津贴补贴项目；一律不准自行提高津贴补贴标准和扩大实施范围；一律不准自行扩大有关经费开支范围和提高开支标准发

放津贴补贴、奖金和福利"的规定。

案例四

某厅违规购置、配备、占用公务车辆问题案例

一、问题的表现形式

1.违规购置公务车辆问题

未经自治区公务车辆主管部门批准，某厅从办公设备改造经费账中列支资金购置公务车辆 3 辆，涉及金额 165 万元。截至 2020 年 6 月，上述车辆一直未纳入自治区公务车辆管理系统中，属于编外车辆。

2.违规占用下属企业编外车辆 5 辆

2016 年至 2019 年，某厅违规占用下属企业购置的 5 辆越野车，并从相关下属企业账上列支前述车辆维修费、保险费 52 万元。上述车辆一直未纳入自治区公务车辆管理系统中，属于编外车辆。

二、上述问题的定性、处理处罚依据

上述问题主要违反了《党政机关公务用车管理办法》第十五条"除涉及国家安全、侦查办案等有保密要求的特殊工作用车外，党政机关公务用车产权注册登记所有人应当为本机关法人，不得将公务用车登记在下属单位、企业或者个人名下"、《西藏自治区本级行政事业单位公务车辆配备使用管理办法》（藏党办发〔2012〕39 号）第二十条"本级行政单位不论使用何种资金配备更新公务车辆均须自治区公务车辆主管部门批准"的规定。

案例五

公职人员违规经商办企业，政府领导班子成员依托领导职权或
职务上的影响违规开展业务问题案例

一、问题的表现形式

1.违规经商办企业问题

某县 80 名在编公职人员以独资或合股的方式经商办企业，其中公务员 10 人、事业编制人员 5 人、机关工人 5 人、公益性岗位 60 人。

2.违规开展业务问题

某县领导班子成员利用其分管重大项目和平台公司之便，在县某重大项目钢材采购中，要求平台公司为其妻子经营的钢材贸易公司全额预付款项逾 10 亿元，并通过采购中间环节加价获取利润逾 500 万元。

二、上述问题的定性、处理处罚依据

上述问题主要违反了中共中央、国务院《关于严禁党政机关和党政干部经商、办企业的决定》(中发〔1984〕27号)第二条"乡以上(含乡)党政机关在职干部(包括退居二线的干部),一律不得以独资或合股、兼职取酬、搭干股分红等方式经商、办企业;也不允许利用职权为其家属、亲友所办的企业谋取利益"、《事业单位工作人员处分暂行规定》第十八条"有下列行为之一的,给予警告或者记过处分……(六)违反国家规定,从事、参与营利性活动或者兼任职务领取报酬的……"和《西藏自治区公益性岗位开发管理暂行办法》(藏政发〔2014〕87号附件)第二十五条"……凡在劳动合同期限内符合下列条件的要退出公益性岗位:……(四)在工商行政管理部门实名注册从事经营活动的,或者通过小额担保贷款从事经营活动的"的规定。

思考题

1.在经济活动中落实有关党风廉政建设责任和遵守廉洁从政规定审计的重点内容有哪些?

2.党政领导人员违反中央八项规定精神及其实施细则方面常见问题有哪些?

3.党政领导人员违反廉洁从政方面常见问题有哪些?

第十章 以往审计发现问题的整改审计

学习目标

1.了解以往审计发现问题的整改审计重点内容

2.掌握以往审计发现问题的整改审计方法

3.理解审计整改措施

第一节 以往审计发现问题的整改审计重点内容

审计整改是被审计对象对审计机关审计结果的一种运用,是被审计单位"治已病,防未病"的过程。审计机关在出具审计报告、作出审计决定后,被审计单位和其他有关单位应当在规定的时间内整改。《党政主要领导干部和国有企事业单位主要领导人员经济责任审计规定》明确了审计整改的主体和整改的主要措施,可以从以下两个方面理解把握。

一、明确审计整改主体

审计整改的主体责任在被审计领导及其所在单位,被审计领导干部离任的,所在单位现任主要领导干部承担主体责任。对经济责任审计中发现的问题,被审计领导干部及其所在单位要从讲政治的高度,通过制订整改方案、拟订具体措施、明确整改时限、定期督查督办、限期对账销号等方式,聚焦问题,分类施策,举一反三,标本兼治,切实抓好审计整改。同时,以审计整改为契机,对审计提出和通过接受审计自我审视发现的单位存在的体制机制性问题进行研究、采取对策,进一步完善制度、深化改革、改进工作,建立健全长效机制。

二、明确被审计领导干部及其所在单位在整改中应当采取的主要措施

包括但不限于：在规定期限内进行整改，将整改结果书面报告审计委员会办公室、审计机关，以及有关组织部门或者主管部门；对审计决定，在规定期限内执行完毕，将执行结果书面报告审计委员会办公室、审计机关；根据审计发现的问题，落实有关责任人员的责任，采取相应的处理措施；根据审计建议，采取措施，健全制度，加强管理等。同时，为贯彻落实中央关于审计结果运用的要求，应明确地将审计结果以及整改情况纳入所在单位领导班子党风廉政建设责任制检查考核的内容，作为领导班子民主生活会以及领导班子成员述责述廉的重要内容。

针对上述对被审计单位整改措施的要求，在审计过程中，核实被审计单位对以往的审计结果是否经党政领导班子内部通报，并针对审计问题制定整改方案；核实被审计单位对审计决定中的处理处罚决定是否在法定期限内执行完毕；核实整改方案是否已执行完毕，对能立行立改的问题是否及时整改；针对审计建议，核实被审计单位是否采取措施，加强管理，在今后工作中是否杜绝此类问题发生，是否存在屡查屡犯的情况。

第二节　以往审计发现问题的整改审计方法

在以往审计发现问题的整改审计过程中，一般采用审阅法、对比法、核实法、延伸调查法等。

一、采用审阅法、对比法、核实法

调阅被审计单位以往所有的审计报告，包括经济责任审计报告、专项审计报告、预算执行审计报告、大数据非现场审计结果报告等，但不包含社会审计报告，社会审计报告在党政主要领导干部和国有企事业单位主要领导人员经济责任审计中仅作参考。审阅以往各类审计报告和被审计单位的整改方案，对比审计报告，核实整改方案中是否已将审计提出问题逐一列入。对比审计问题和整改情况相关附件材料，逐一核实审计问题是否及时整改完毕，尤其重点核实审计决定的处理处罚是否在法定时限内执行完毕。

二、采用延伸调查法

针对以往审计报告中的问题,采用以往审计中发现问题的审计方法,在此次审计期间逐一复查,以防被审计单位仅在当下整改问题,在今后的管理中仍未杜绝此类问题的发生。

第三节 审计整改措施和定性处理

2018年5月,习近平总书记在中央审计委员会第一次会议上强调:"各地区各部门特别是各级领导干部要积极主动支持配合审计工作,依法自觉接受审计监督,认真整改审计查出的问题,深入研究和采纳审计提出的建议,完善各领域政策措施和制度规则。"

一、审计整改的措施

《党政主要领导干部和国有企事业单位主要领导人员经济责任审计规定》第四十八条明确了审计整改的措施。

(1)对审计发现的问题,在规定期限内进行整改,将整改结果书面报告审计委员会办公室、审计机关,以及组织部门或者主管部门。

(2)对审计决定,在规定期限内执行完毕,将执行情况书面报告审计委员会办公室、审计机关。

(3)根据审计发现的问题,落实有关责任人员的责任,采取相应的处理措施。

(4)根据审计建议,采取措施,健全制度,加强管理。

(5)将审计结果以及整改情况纳入所在单位领导班子党风廉政建设责任制检查考核的内容,作为领导班子民主生活会以及领导班子成员述责述廉的重要内容。

二、审计整改的定性处理

对以往审计发现问题的整改审计中,对发现未整改的问题通常表述为"(被审计单位名称)(以往审计发现的问题表述)未整改";对当下已整改,但屡查屡犯的问题表述为"(被审计单位名称)(以往审计发现的问题表述)整改不到位"。实践中,审计取证单、审计报告等相关文书中不引用定性处理依据。

第四节　以往审计发现问题的整改审计案例

案例一

一、背景简介

审计组对某部门的经济责任审计过程中,核实出被审计单位以往曾接受经济责任审计1次、专项审计1次、大数据非现场审计1次。审计组要求被审计单位提供3次审计的审计报告、审计决定、审计整改方案以及整改相关附件。

二、审计过程、方法及结论

首先,审计组针对以往审计发现的问题逐一对比整改相关附件,进行核实,发现有部分问题被审计单位仍未整改,如"商品房租赁收入403.716万元长期未能收回"问题,截至审计日,仍有房租收入115.26万元、违约金121.116万元和案件受理费4.512万元未收回,又如"非税收入未纳入单位财务统一管理"问题,截至审计日,相关债务仍未纳入单位财务统一管理。

然后,审计组采用以往审计中发现问题的审计方法,在本次审计期间重走流程复查,发现有部分问题被审计单位整改不到位,如"项目资金管理不规范"问题,以往审计反映此类问题后,此次审计仍发现该部门某项目资金管理不规范,又如已往审计反映了"下属某公司经营不善、持续亏损"问题,此次审计发现该部门下属事业单位所属多家企业(包括以往审计查出的下属某公司)近年来基本无主营业务收入,公司内除会计和出纳外无专业工作人员,经营停滞。

另外,审计组还发现,由于相关工作人员离职,部分整改附件被审计单位无法提供。考虑到保存整改资料是被审计单位整改的职责之一,审计组判定被审计单位整改不到位。

思考题

1.以往审计发现问题的整改审计重点内容有哪些?

2.以往审计发现问题的整改审计方法是什么?

3.审计整改类型措施有哪些?

第三部分

领导干部经济责任审计报告、审计决定及审计结果运用

第十一章 领导干部经济责任审计报告与审计决定

学习目标

1.掌握在经济责任审计中,领导干部应该承担的责任种类,以及承担每种责任的具体情况

2.理解我国经济责任审计报告的基本要素

3.了解经济责任审计的审计报告与审计决定的编制程序

第一节 审计报告与审计决定概述

一、审计报告概述

审计报告是审计工作的最终成果。它是审计人员在实施了必要的审计程序后出具的,对审计对象发表审计意见的书面文件。

(一)审计机关的审计报告

根据《中华人民共和国国家审计准则》第一百一十九条的规定,审计报告包括审计机关进行审计后出具的审计报告以及专项审计调查后出具的专项审计调查报告。

1.审计机关出具的审计报告

审计机关出具的审计报告的基础是审计组形成的审计报告,审计组实施审计或者专项审计调查后,向派出审计组的审计机关提交审计报告,审计机关在对审计组的审计报告进行审定后,对外出具的正式的审计报告。审计组的审计报告是审计机关的内部文书,对外不具有法律效力,而审计机关的审计报告由审计机关负责人签发并

送达至被审计单位或被审计领导干部,对外具有法律效力。

在审计实践中,存在审计机关在相关审计事项发展过程中的某个环节介入,并跟随审计事项的发展过程持续进行动态监督检查的一种审计方式,即跟踪审计。在跟踪审计中发现的问题,需要及时向被审计单位通报并要求其整改,跟踪审计实施工作全部结束后出具的审计报告应反映审计发现但尚未整改的问题,以及已经整改的重要问题及其整改情况。

2.专项审计调查报告

所谓专项审计调查报告,是指审计机关对预算管理或者国有资产管理使用等与国家财政收支有关的特定事项,向有关地方、部门、单位进行专项审计调查后出具的审计报告。相比于审计报告,专项审计调查报告除符合审计报告的要素和内容要求外,还应当根据专项审计调查目标重点分析宏观性、普遍性、政策性或者体制、机制问题并提出改进建议,而且如果遇到特殊情况,可以不向被调查单位出具专项审计调查报告。

(二)专题报告和综合报告

审计机关的审计报告是对外出具的报告,而对于审计发现的总体问题和情况、重大问题和情况等,审计机关还需要向本级审计委员会、党委政府、上一级审计机关进行报告,形式上主要表现为专题报告和综合报告。

1.专题报告

专题报告是审计机关针对审计中发现的重大事项,向本级审计委员会、党委政府、上一级审计机关报送的报告。所谓重大事项,主要包括以下几个方面:一是涉嫌重大违法犯罪的问题,二是与国家财政收支、财务收支有关政策及其执行中存在的重大问题,三是关系国家经济安全的重大问题,四是关系国家信息安全的重大问题,五是影响人民群众经济利益的重大问题,六是其他重大事项。

对于专题报告的总体要求主要是主题突出、事实清楚、定性准确、建议适当。

2.综合报告

综合报告是审计机关统一组织审计项目,根据相关要求和需要汇总审计情况和结果,按照规定的程序审定后,向本级审计委员会、党委政府、上一级审计机关报送或者向有关部门通报的报告。在审计实践中,如果涉及较为重大的事项,必要时,审计综合报告应当征求有关主管机关的意见。

审计结果报告和审计工作报告是法定需要报送的综合报告。审计结果报告是指审计机关依照法律规定,每年向政府首长和上一级审计机关提出的,关于上一年度审计本级预算执行情况和其他财政收支情况结果的报告。同时,审计工作报告是指审计机关依照法律规定,受本级人民政府委托,向本级人大常委会提出的关于审计上一年度本级预算执行和其他财政收支审计工作情况的报告。

根据《中华人民共和国审计法》(2021年修正)、《中华人民共和国审计法实施条例》(2010年修订)、《中华人民共和国国家审计准则》的要求,审计署在国务院总理领导下,对中央预算执行情况、决算草案和其他财政收支情况进行审计监督,向国务院总理提出审计结果报告;地方各级审计机关分别在省长、自治区主席、市长、州长、县长、区长和上一级审计机关的领导下,对本级预算执行情况和其他财政收支情况进行审计监督,向本级人民政府和上一级审计机关提出审计结果报告;审计机关依照法律法规的规定,每年汇总对本级预算执行情况和其他财政收支情况的审计报告,形成审计结果报告,报送本级政府和上一级审计机关。在实践中,随着审计委员会的建立,审计结果报告还需报送审计委员会审议。

《中华人民共和国审计法》(2021年修正)、《中华人民共和国国家审计准则》对审计工作报告的要求主要是:国务院和县级以上地方人民政府应当每年向本级人民代表大会常务委员会提出审计机关对预算执行和其他财政收支的审计工作报告;审计机关依照法律法规的规定,代本级政府起草本级预算执行情况和其他财政收支情况的审计工作报告(稿),经本级政府行政首长审定后,受本级政府委托向本级人民代表大会常务委员会报告。

(三)领导干部经济责任审计报告

领导干部经济责任审计报告,是指审计机关按照相关规定对党政主要领导干部和国有企事业单位主要领导人员经济责任履行情况进行审计后出具的报告,属于审计机关出具的审计报告。

1.领导干部经济责任审计报告的分类

(1)按照审计对象分类

主要有以下几类:

一是地方各级党委、政府、纪检监察机关、法院、检察院的正职领导干部或者主持工作1年以上的副职领导干部经济责任审计报告;

二是中央和地方各级党政工作部门、事业单位和人民团体等单位的正职领导干部或者主持工作1年以上的副职领导干部经济责任审计报告;

三是国有和国有资本占控股地位或者主导地位的企业(含金融机构)的法定代表人或者不担任法定代表人但实际行使相应职权的主要领导人员经济责任审计报告;

四是上级领导干部兼任下级单位正职领导职务且不实际履行经济责任时,实际分管日常工作的副职领导干部经济责任审计报告;

五是党中央和县级以上地方党委要求进行经济责任审计的其他主要领导干部经济责任审计报告。

(2)按照审计对象任职时间分类

按照审计对象任职时间区分,有领导干部任期内经济责任审计报告和领导干部离任经济责任审计报告。

领导干部任期内经济责任审计的目的在于既要对被审计单位领导干部任职期间的工作进行全面评价,以决定对其的奖惩或去留,又可借此项审计划清经济责任的界限,为继任的领导干部解除后顾之忧。由此可知,任期经济责任审计的最基本内容就是审查被审计单位领导人在任职期间其所在单位的财务收支的真实、合法和有效情况。

领导干部离任经济责任审计报告是审计人员根据审计准则的要求,在实施了必要的审计程序后出具的,对法定代表人任职期间经济责任的履行情况做出审计评价并提出审计建议的一种书面文件。离任审计报告是全面总结离任经济责任审计过程和结果的文件,它具有证明效力,是解除离任法定代表人在其任职期间应承担的经济责任、证明其经济责任履行情况的重要参考,同时也是被审计单位改进工作、提高经济效益、做出经营决策的依据。

2.经济责任审计报告出具的基本程序

(1)审计组实施审计后,向派出审计组的审计委员会办公室、审计机关提交审计报告。

(2)审计委员会办公室、审计机关书面征求被审计领导干部及其所在单位对审计组审计报告的意见。

(3)审计委员会办公室、审计机关按照规定程序对审计组审计报告进行审定,出具经济责任审计报告。

在出具审计报告的同时,还需同时出具经济责任审计结果报告,在经济责任审计报告的基础上,简要反映审计结果。对于审计机关根据要求统一组织实施多个领导经济责任审计项目的,还需要根据相关要求汇总审计情况和结果,按照规定程序向本级审计委员会、党委政府等报送。

二、审计决定概述

审计决定是审计机关根据审计小组的审计报告作出的决定。因为审计具有经济裁决的职能,所以审计决定也就是对审计报告的肯定,并要求执行审计意见和建议的裁决。审计决定是审计机关在对被审单位的财务收支情况及有关资料进行详细检查的基础上,并考虑具体条件而作出的裁决。因此,认真执行审计决定,可以促使被审单位提高管理水平和经营能力,增加经济效益。审计机关应告知被审计单位其违反国家规定的财政收支、财务收支行为的具体内容和性质,审计机关所采用的处理、处罚措施及其法律、法规依据,以及被审计单位行政复议的权利和期限。审计决定具有强制性,审计机关在法定职权范围内作出的审计决定,被审计单位应当执行,审计决定自送达之日起生效。审计机关依法责令被审计单位上缴应当上缴的款项,被审计单位拒不执行的,审计机关应当通报有关主管部门,有关主管部门应当依照有关法律、行政法规的规定予以扣缴或者采取其他处理措施,并将结果书面通知审计机关。

相关法规在保护被审计单位合法权益方面也作了明确规定。上级审计机关认为下级审计机关作出的审计决定违反国家有关规定的,可以责成下级审计机关予以变更或者撤销,必要时也可以直接作出变更或者撤销的决定;被审计单位对审计机关作出的有关财务收支的审计决定不服的,可以依法申请行政复议或者提起行政诉讼;被审计单位对审计机关作出的有关财政收支的审计决定不服的,可以提请审计机关的本级人民政府裁决,本级人民政府的裁决为最终决定。

经济责任审计发现的被审计领导干部所在单位存在违反国家规定的财政收支、财务收支行为,依法应当给予处理处罚的,审计机关在法定职权范围内作出审计决定。经济责任审计下达的审计决定在规定、要求、对被审计单位合法权益的保护等方面和其他审计项目下达的审计决定一致。

第二节 经济责任审计报告与审计决定的格式及基本要素

一、经济责任审计报告的格式及基本要素

经济责任审计报告包括下列基本要素:

(一)标题

出具的审计报告的题目,审计报告前列示审计委员会办公室、审计机关名称。

(二)文号

审计报告的文号按照出具审计报告的审计委员会办公室、审计机关发文文号编制规定编列。

(三)被审计单位名称、被审计人员姓名及所担任职务

表述被审计单位名称、被审计人员姓名及所担任职务。

(四)审计项目名称

按照被审计领导干部职务、姓名并加上"经济责任审计"进行列示。

（五）内容

对经济责任审计报告内容的要求主要是应当事实清楚、评价客观、责任明确、用词恰当、文字精练、通俗易懂。经济责任审计报告内容主要包含以下几个方面。

1.审计依据

即实施审计所依据的法律法规规定。目前开展领导干部经济责任审计的依据主要为《中华人民共和国审计法》（2021 年修正），以及中共中央办公厅、国务院办公厅印发的《党政主要领导干部和国有企事业单位主要领导人员经济责任审计规定》等。

2.实施审计的基本情况

包括领导干部经济责任审计范围、内容、方式和实施的起止时间等。审计范围主要为被审计领导干部的任职期间，审计内容主要为被审计领导干部的经济责任履行情况，审计方式主要为查阅资料、听取情况介绍等，审计实施的起止时间主要为审计通知书下达到审计现场结束的时间。

3.审计评价部分

即根据经济责任审计目标，以适当、充分的审计证据为基础发表的评价意见。该部分主要包括被审计领导干部基本情况、主要业绩、总体评价等三个方面。

（1）领导干部基本情况。其主要为被审计领导干部担任职务情况和主要负责工作的情况。

（2）主要业绩。其主要指被审计领导干部任职期间主导提出的发展思路及取得的成果。

（3）总体评价。其是指综合被审计单位领导干部主要业绩、审计发现的主要问题等情况，对其任职期间履行经济责任情况作出的概要评价。

4.审计发现的主要问题和责任认定

其是指审计发现的被审计单位违反国家规定的财政收支、财务收支行为和其他重要问题的事实、定性，以及被审计领导干部应承担的责任类型等，是审计报告的核心内容。

5.提出的改进建议

针对审计发现的问题，根据需要提出改进建议。审计建议应具有针对性、可操作性，需要审计组结合在经济责任审计中发现的问题，在深入分析当前宏观政策要求、改革发展方向、体制机制性缺陷漏洞后提出，以进一步促进被审计领导干部及所在单位加强管理，推动经济高质量发展。

（六）整改要求

即针对审计发现问题，提出的对被审计单位和领导干部的整改要求，主要包括整改时限、整改情况报送对象等。

(七)被审计领导干部的救济途径

告知被审计领导干部救济途径。被审计领导干部对审计委员会办公室、审计机关出具的经济责任审计报告有异议的,可以自收到审计报告之日起 30 日内向同级审计委员会办公室申诉。

(八)审计机关名称

主要为审计委员会办公室名称和审计机关名称。

(九)签发日期

经审计委员会办公室、审计机关主要负责同志审定签发审计报告的时间。

二、经济责任审计决定的格式及基本要素

(一)标题

即出具的审计决定的题目,审计决定书题目中应列示审计机关名称,如"某某县审计局审计决定书"。

(二)文号

审计决定的文号,按照出具审计决定的审计机关发文文号编制规定编列。

(三)审计决定名称

如"××县审计局关于××(列示项目名称)的审计决定"。

(四)下达审计决定对象名称

经济责任审计项目出具的审计决定对象为被审计领导干部所在单位。

(五)内容

1.实施审计的基本情况
一般包括审计实施的起止时间、审计的简要内容等。

2.下达依据
即下达审计决定所依据的法律法规规定,包括《中华人民共和国审计法》(2021年修正)第四十五条"对违反国家规定的财政收支、财务收支行为,依法应当给予处理、处罚的,审计机关在法定职权范围内作出审计决定",中共中央办公厅、国务院办

公厅《党政主要领导干部和国有企事业单位主要领导人员经济责任审计规定》第三十五条"被审计领导干部所在单位存在的违反国家规定的财政收支、财务收支行为,依法应当给予处理处罚的,由审计机关在法定职权范围内作出审计决定"等。

3.发现的违反相关规定的行为和其他重要问题

审计发现的被审计领导干部所在单位违反国家规定的财政收支、财务收支行为和其他重要问题的事实、定性、处理处罚意见以及依据的法律法规和标准。

4.执行决定的相关要求

主要包括审计决定的生效条件、执行审计决定的时限要求,以及报送审计决定执行结果的对象等。

5.对被审计单位权益的保护

告知提请裁决的方式。

(六)审计机关名称

下达审计决定的审计机关名称。

(七)签发日期

经审计机关主要负责同志审定签发审计决定的时间。

第三节 经济责任审计报告与审计决定的编制程序

一、编制审计组的审计报告

审计组实施审计后,就经济责任审计实施情况和审计结果,草拟审计报告,经审计组组长审定后,向派出审计组的审计委员会办公室、审计机关提交审计报告。审计组审计报告的起草程序和编制方法如下。

(一)审计组讨论

在起草经济责任审计报告之前,审计组应当就以下事项进行讨论:评价审计目标的实现情况、审计实施方案确定的审计事项完成情况,评价审计证据的适当性和充分性,提出审计评价意见,评估审计发现的问题的重要性,提出对审计发现的问题的定责情况。审计组应当对讨论前述事项的情况及其结果做好记录。

（二）审核审计工作底稿和审计证据

在起草经济责任审计报告之前，审计组组长应当对审计工作底稿中涉及的下列事项进行审核：具体审计目标是否实现；审计措施是否有效执行；事实是否清楚；审计证据是否适当、充分；得出的审计结论及其相关标准是否适当；其他有关重要事项。

同时，还需要对审计组在实施现场经济责任审计过程中取得的审计证据是否真实可信，是否与审计事项及其具体审计目标之间具有实质性联系，且取得的证据数量是否能够保证审计质量、是否与审计发现问题的重要性相匹配等进行总体评价。

审计组组长将根据不同情况提出下列审核意见之一：予以认可；责成采取进一步审计措施，获取适当、充分的审计证据；纠正或者责成纠正不恰当的审计结论。对于后两种审核意见的，审计组还需要补充审计证据，对审计结论进行修改完善。

（三）作出审计评价

经济责任审计组应以促进领导干部履职尽责、担当作为，促进经济高质量发展，促进全面深化改革，促进权力规范运行，促进反腐倡廉，推进国家治理体系和治理能力现代化为目标，根据不同领导职务的职责要求，综合被审计单位领导干部主要业绩，在审计查证或者认定事实的基础上，综合运用多种方法，坚持定性评价与定量评价相结合，依照有关党内法规、法律法规、政策规定、责任制考核目标等，在审计范围内，对被审计领导干部履行经济责任情况，包括公共资金、国有资产、国有资源的管理、分配和使用中个人遵守廉洁从政（从业）规定等情况，作出客观公正、实事求是的评价，总体评价的等次一般可分为"好""较好""一般""较差"等。

审计评价应当有充分的审计证据支持，对审计中未涉及的事项不作评价，对超越审计职责范围的事项不发表评价意见。

审计评价时，还应当把领导干部在推进改革中因缺乏经验、先行先试出现的失误和错误，同明知故犯的违纪违法行为区分开来；把上级尚无明确限制的探索性试验中的失误和错误，同上级明令禁止后依然我行我素的违纪违法行为区分开来；把为推动发展的无意过失，同为谋取私利的违纪违法行为区分开来。对领导干部在改革创新中的失误和错误，正确把握事业为上、实事求是、依纪依法、容纠并举等原则，经综合分析研判，可以免责或者从轻定责，鼓励探索创新，支持担当作为，保护领导干部干事创业的积极性、主动性、创造性。

（四）反映审计发现问题和界定被审计领导干部应当承担的责任

审计组根据审计发现问题的性质、数额、发生的原因、被审计领导干部与审计发现问题的关联等，评估审计发现问题的重要性，根据审计工作方案、审计实施方案确定的重点审计内容，在审计报告中归类列示，并写明定责依据，表述被审计领导干部应承担的责任。界定被审计领导干部应承担的责任是经济责任审计的关键环节,审计组按照权责一致原则,根据领导干部职责分工,综合考虑审计发现问题的历史背景、决策过程、性质、后果和领导干部实际所起的作用等情况,界定其应当承担的直接责任或者领导责任。

1.应当承担直接责任的行为

(1)直接违反有关党内法规、法律法规、政策规定的行为。被审计领导干部在履行经济责任过程中,通过个人直接决定或集体研究(被审计领导干部在集体研究中起决定性作用)作出的决策和行为,不符合党中央以及中央纪律检查委员会、中央部门,以及地方党委制定的党内规章制度,不符合我国现行有效的法律、行政法规、司法解释、地方性法规、地方政府规章和部门规章,不符合党政机关制定的关于处理党内和政府事务工作的文件等要求和规定,应界定为直接责任。

(2)授意、指使、强令、纵容、包庇下属人员违反有关党内法规、法律法规、政策规定的行为。被审计领导干部在履行经济责任过程中,存在通过告知下属人员意图,要求其照办、直接指挥或强制其办理,以及未及时制止甚至掩盖下属人员错误行为的情况,且下属人员的行为违反了有关党内法规、法律法规、政策规定,应界定为直接责任。

(3)贯彻党和国家经济方针政策、决策部署不坚决不全面不到位,造成公共资金、国有资产、国有资源损失浪费,生态环境破坏,公共利益损害等后果的行为。被审计领导干部在履行经济责任过程中,对于党和国家的重大经济决策部署未予以足够的重视,没有及时传达、分解任务、安排部署、督促检查等实质性举措,导致党和国家经济方针政策、决策部署落实不到位,造成了公共资金、国有资产、国有资源损失浪费,生态环境破坏,公共利益损害等后果,应界定为直接责任。

(4)未完成有关法律法规规章、政策措施、目标责任书等规定的领导干部作为第一责任人(负总责)的事项,造成公共资金、国有资产、国有资源损失浪费,生态环境破坏,公共利益损害等后果的行为。被审计领导干部在履行经济责任过程中,未完成自己作为第一责任人或者负总责的脱贫攻坚、节能环保、粮食安全等目标责任事项中的重要约束性指标任务,造成了公共资金、国有资产、国有资源损失浪费,生态环境破坏,公共利益损害等后果,应界定为直接责任。

(5)未经民主决策程序或者民主决策时在多数人不同意的情况下,直接决定、批准、组织实施重大经济事项,造成公共资金、国有资产、国有资源损失浪费,生态环境破坏,公共利益损害等后果的行为。

(6)不履行或者不正确履行职责,对造成的后果起决定性作用的其他行为。

2.应当承担领导责任的行为

(1)民主决策时,在多数人同意的情况下,决定、批准、组织实施重大经济事项,由于决策不当或者决策失误造成公共资金、国有资产、国有资源损失浪费,生态环境破坏,公共利益损害等后果的行为。

（2）违反部门、单位内部管理规定,造成公共资金、国有资产、国有资源损失浪费,生态环境破坏,公共利益损害等后果的行为。

（3）参与相关决策和工作时,没有发表明确的反对意见,相关决策和工作违反有关党内法规、法律法规、政策规定,或者造成公共资金、国有资产、国有资源损失浪费,生态环境破坏,公共利益损害等后果的行为。

（4）疏于监管,未及时发现和处理所管辖范围内本级或者下一级地区（部门、单位）违反有关党内法规、法律法规、政策规定的问题,造成公共资金、国有资产、国有资源损失浪费,生态环境破坏,公共利益损害等后果的行为。

（5）除直接责任外,不履行或者不正确履行职责,对造成的后果应当承担责任的其他行为。

3.相关案例

例如,根据《中华人民共和国预算法》（2018年修正）第五十六条规定,政府的全部收入应当上缴国家金库,任何部门、单位和个人不得截留、占用、挪用或者拖欠。审计组如果在经济责任审计中发现了违反上述规定的行为,应按照领导干部的不同行为界定责任。

案例一

如果审计组在经济责任审计中,发现了某领导干部在主持会议时,直接确定将非税收入专户中的财政收入延期至次年1月再上交国库,则应认定为"直接违反有关党内法规、法律法规、政策规定的行为",应界定为直接责任。

案例二

如果发现某领导干部通过签批的方式,指使财政部门人员将非税收入专户中的财政收入延期至次年1月再上交国库,则应认定为"授意、指使、强令、纵容、包庇下属人员违反有关党内法规、法律法规、政策规定的行为",应界定为直接责任。

案例三

如果发现某领导干部参与了非本人主持的会议,会议议定将非税收入专户中的财政收入延期至次年1月再上交国库,但该领导干部在参会时未发表明确的反对意见,同时由于收入未及时入库产生了国库资金短缺无法支付民生补助的后果,则应认定为"参与相关决策和工作时,没有发表明确的反对意见,相关决策和工作违反有关党内法规、法律法规、政策规定,或者造成公共资金、国有资产、国有资源损失浪费,生态环境破坏,公共利益损害等后果的行为",应界定为领导责任。

案例四

如果发现某领导干部所在地下级地区均存在将非税收入专户中的财政收入延期至次年1月再上交国库的问题,同时由于收入未及时入库产生了国库资金短缺无法支付民生补助的后果,则应认定为"疏于监管,未及时发现和处理所管辖范围内本级或者下一级地区(部门、单位)违反有关党内法规、法律法规、政策规定的问题,造成公共资金、国有资产、国有资源损失浪费,生态环境破坏,公共利益损害等后果的行为",应界定为领导责任。

(五)提出审计建议

审计组应针对经济责任审计发现的主要问题和风险隐患,深入分析背后的体制性障碍、机制性缺陷和制度性漏洞,提出对策建议,以促进被审计单位和有关方面完善制度、深化改革、加强管理、堵塞漏洞,防患于未然,推动经济高质量发展。

二、征求意见

审计报告需要征求被审计对象意见,是《中华人民共和国审计法》(2021年修正)、《中华人民共和国审计法实施条例》(2010年修订)对审计程序的明确要求。因为涉及对领导干部的评价和责任界定,对于经济责任审计而言征求意见就显得更为重要。充分听取和研究被审计对象意见,可以有效保障被审计领导干部及其所在单位的合法权益,保证审计报告质量,防范审计风险。

(一)出具审计报告(征求意见稿)

审计委员会办公室、审计机关按照规定程序对审计组提交的经济责任审计报告进行审批后,以书面形式征求被审计领导干部及其所在单位对审计组审计报告的意见。对审计发现的涉及重大问题线索等特殊事项,履行审批程序后,可不在审计报告中反映,也不征求被审计领导干部及其所在单位的意见,应依规依法上报或者移送相关部门。

(二)被审计领导干部及其所在单位提出书面反馈意见

被审计领导干部及其所在单位自收到审计组审计报告之日起10个工作日内,对经济责任审计报告(征求意见稿)提出书面意见;10个工作日内未提出书面意见的,视同无异议。

(三)研究核实反馈意见

在收到被审计领导干部及其所在单位提出的书面意见后,审计组应高度重视,需要进一步研究和核实,逐条提出对于反馈意见的说明,其中审计组意见主要包括"采纳""部分采纳""不采纳",并详细表述具体原因。在对经济责任审计报告作出必要的修改后,审计组需要连同被审计领导干部及其所在单位的书面意见、对书面意见的采纳情况说明一并报送审计委员会办公室、审计机关。

(四)其他征求意见的方式

鉴于经济责任审计的重要性,在实践中,审计组可以采取更多的方式征求意见,以充分听取被审计领导干部及其所在单位的意见,进一步确保审计质量,保证审计发现问题、审计作出评价的客观性和公正性。比如,审计组可以在审计取证阶段与相关单位就审计发现问题进行充分沟通,在起草经济责任审计报告前也可以审计发现问题清单等方式先初步征求意见,以进一步确保审计组提交的审计报告的客观性和公正性。

三、起草审计决定

在征求完意见后,审计组对于经济责任审计发现的被审计领导干部所在单位存在违反国家规定的财政收支、财务收支行为,依法应当给予处理处罚的,起草审计决定书。例如,根据《中华人民共和国预算法》(2018年修正)第五十六条规定,政府的全部收入应当上缴国家金库,任何部门、单位和个人不得截留、占用、挪用或者拖欠。审计组如果在经济责任审计报告中反映了违反上述规定的问题,且问题尚未整改的,需要下达审计决定。

> 审计决定基本格式如下:
>
> 小标题应为问题的简要表述,如:关于××万元财政收入未按规定及时缴库问题的处理。
>
> 具体内容应包含问题的详细表述、违反法规、处理处罚依据和处理处罚措施,如:
>
> 截至201×年底,××财政局未将非税收入专户中的××万元国有土地使用权出让收入及时上缴国库。
>
> 上述做法不符合《中华人民共和国预算法》第五十六条"政府的全部收入应当上缴国家金库,任何部门、单位和个人不得截留、占用、挪用或者拖欠"的规定。
>
> 根据《财政违法行为处罚处分条例》第四条关于"财政收入执收单位及其工作人员有下列违反国家财政收入上缴规定的行为之一的,责令改正,调整有关会计账目,收缴应当上缴的财政收入……(二)滞留、截留、挪用应当上缴的财政收入"的规定,××应责成××督促相关单位及时足额上缴未缴库的财政收入。

四、审计机关业务部门复核

在经济责任审计报告征求完意见,按照采纳情况对审计报告进行修改、起草完审计决定后,就进入了业务部门复核阶段。审计组需要将下列材料报送审计机关业务部门复核:审计报告,审计决定书,被审计单位、被调查单位、被审计领导干部及其所在单位对审计报告的书面意见及审计组采纳情况的书面说明,审计实施方案,调查了解记录、审计工作底稿、重要管理事项记录、审计证据材料,其他有关材料。

审计机关业务部门在收到上述材料后,需要对下列事项进行复核,并提出书面复核意见:审计目标是否实现;审计实施方案确定的审计事项是否完成;审计发现的重要问题是否在审计报告中反映;事实是否清楚、数据是否正确;审计证据是否适当、充分;审计评价、定性、处理处罚和移送处理意见是否恰当,适用法律法规和标准是否适当;被审计领导干部及其所在单位提出的合理意见是否采纳;需要复核的其他事项。

五、审计机关审理部门审理

审计机关业务部门应当将复核修改后的经济责任审计报告、审计决定书等审计项目材料连同书面复核意见,报送审理机构审理。审理机构以经济责任审计实施方案为基础,重点关注审计实施的过程及结果,主要审理下列内容:审计实施方案确定的审计事项是否完成;审计发现的重要问题是否在审计报告中反映;主要事实是否清楚,相关证据是否适当、充分;适用法律法规和标准是否适当;评价、定性、定责、处理处罚意见是否恰当;审计程序是否符合规定。

审理机构审理时,应当就有关事项与审计组及相关业务部门进行沟通。必要时,审理机构可以参加审计组与被审计单位交换意见的会议,或者向被审计单位和有关人员了解相关情况。审理过程中遇有复杂问题的,经审计机关负责人同意后,审理机构可以组织专家进行论证。审理机构审理后,应当出具审理意见书,可以根据情况要求审计组补充重要审计证据,对经济责任审计报告、审计决定书进行修改。

六、审定和出具审计报告、审计决定

审理机构审理后,审计机关应召开审计业务会议等对经济责任审计报告、审计决定书等进行审定,根据会议议定事项对经济责任审计报告、审计决定书进行修改并正式出具,同时还需在经济责任审计报告的基础上对审计结果进行简要反映,出具经济责任审计结果报告。

经济责任审计报告、经济责任审计结果报告等审计结论性文书按照规定程序报同级审计委员会,按照干部管理权限送组织部门。根据工作需要,送纪检监察机关等联席会议其他成员单位、有关主管部门。经济责任审计报告送达被审计领导干部及其所在单位,审计决定书送达被审计领导干部所在单位。

思考题

    1.我国经济责任审计报告包括哪些基本要素?

    2.在经济责任审计中,领导干部应该承担哪些责任?请列举承担每种责任的一到两种情况。

    3.简述经济责任审计的审计报告与审计决定的编制程序。

第十二章 领导干部经济责任 审计结果的运用

学习目标

1.理解联席会议相关成员单位对审计结果的运用

2.掌握审计部门对审计结果的运用

审计结果指审计机关在依法履行审计职责中形成的审计业务工作成果,是审计工作的重要内容和关键环节。在经济责任审计中,审计结果主要反映了审计对象的经济责任履行情况、审计发现的违纪违法问题线索、审计机关提出的促进规范管理的意见和建议等。对于经济责任审计结果运用的总体要求是,各级党委和政府应当建立健全经济责任审计情况通报、责任追究、整改落实、结果公告等结果运用制度,将经济责任审计结果以及整改情况作为考核、任免、奖惩被审计领导干部的重要参考。经济责任审计结果报告以及审计整改报告应当归入被审计领导干部本人档案。

第一节 审计部门对审计结果的运用

审计部门对经济责任审计结果的运用主要有报告经济责任审计结果、通报经济责任审计结果、公告经济责任审计结果、对审计发现问题的整改情况进行监督检查等四个方面。

一、报告经济责任审计结果

在正式出具经济责任审计报告、经济责任审计结果报告后,审计委员会办公室、审计机关要将经济责任审计报告、经济责任审计结果报告等审计结论性文书按照规定程序报同级审计委员会。

统一组织实施多个领导干部经济责任审计项目的,审计委员会办公室、审计机关还应根据实际情况,按照地方党委政府领导干部、中央和地方各级党政工作部门领导干部、国有企事业领导干部等不同类型,分别将审计发现的总体问题和情况、重大问题和情况等归类汇总,以专题报告、综合报告、审计信息等方式向同级审计委员会报送。在实践中,上述经济责任审计涉及的结论性文书还需要报送本级政府主要负责同志。

二、通报经济责任审计结果

经济责任审计项目结束后,审计委员会办公室、审计机关应当组织召开联席会议,向被审计领导干部及其所在单位领导班子成员等有关人员反馈审计结果和相关情况。有关成员单位根据工作需要可以派人参加联席会议。

三、公告经济责任审计结果

审计机关应依法依规向社会公布审计结果和审计调查结果,有效保障公民知情权,促进发挥公民的社会监督作用。例如,近些年来,审计署每年对国家重大政策措施落实情况跟踪审计结果进行公告,发挥了积极效果。但在公布审计和审计调查结果时,对于涉及国家秘密、商业秘密的信息,正在调查、处理过程中的事项,依照法律法规的规定不予公开的其他信息等,审计机关都不得公布。

经济责任审计对象涉及党政主要领导干部和国有企事业单位主要领导人员,相比于其他审计项目更为特殊和敏感,对于经济责任审计结果的公告应该更为谨慎和稳妥。在实践中,部分地方审计机关对开展的市管干部、乡镇领导干部、区属国有企业领导人员经济责任审计结果进行了公告,公告的内容主要包括基本情况及评价意见、审计发现的主要问题、审计处理情况及建议、审计发现问题的整改情况等内容。

四、对审计发现问题的整改情况进行监督检查

经济责任审计整改情况与经济责任审计结果一样,也是考核、任免、奖惩被审计领导干部的重要参考,同时审计整改报告也需要归入被审计领导干部本人档案。审计机关应高度重视经济责任审计发现问题的整改,建立完善的审计整改检查机制,督促被审计领导干部及其所在单位、其他有关单位根据审计结果对审计反映的问题进行整改。

在出具和送达经济责任审计报告、审计决定后,审计机关应当结合要求的整改时

限,通过实地检查或者了解、取得并审阅相关书面材料等方式,对在经济责任审计中作出的处理处罚决定情况、要求自行纠正事项采取措施的情况、根据审计机关的审计建议采取措施的情况等进行检查和了解,对于被审计领导干部及其所在单位没有整改或者没有完全整改的事项,应该了解核实原因、提出建议,并采取定期跟踪等方式进行检查,确保审计发现问题整改到位。

第二节　其他部门对审计结果的运用

一、联席会议相关成员单位对审计结果的运用

经济责任审计工作联席会议由纪检监察机关和组织、机构编制、审计、财政、人力资源社会保障、国有资产监督管理、金融监督管理等部门组成,召集人由审计委员会办公室主任担任。推进经济责任审计结果运用是经济责任审计工作联席会议的重要职责,联席会议相关成员单位在各自职责范围内运用审计结果的方式主要有以下几个方面:

一是根据干部管理权限,将审计结果以及整改情况作为考核、任免、奖惩被审计领导干部的重要参考;

二是对审计发现的问题作出进一步处理;

三是加强审计发现问题整改落实情况的监督检查;

四是对审计发现的典型性、普遍性、倾向性问题和提出的审计建议及时进行研究,将其作为采取有关措施、完善有关制度规定的重要参考。

联席会议相关成员单位应当以适当方式及时将审计结果运用情况反馈审计委员会办公室、审计机关。

二、有关主管部门对审计结果的运用

有关主管部门在各自职责范围内运用审计结果的方式主要有以下几个方面:

一是根据干部管理权限,将审计结果以及整改情况作为考核、任免、奖惩被审计领导干部的重要参考;

二是对审计移送事项依规依纪依法作出处理处罚;

三是督促有关部门、单位落实审计决定和整改要求,在对相关行业、单位管理和监督中有效运用审计结果;

四是对审计发现的典型性、普遍性、倾向性问题和提出的审计建议及时进行研究，并将其作为采取有关措施、完善有关制度规定的重要参考。

有关主管部门应当以适当方式及时将审计结果运用情况反馈审计委员会办公室、审计机关。

三、被审计领导干部及其所在单位根据审计结果进行整改

对经济责任审计反映的问题进行整改是被审计领导干部及其所在单位运用审计结果的主要方式，被审计领导干部及其所在单位根据审计结果，应当采取以下几个方面的整改措施：

一是对审计发现的问题，在规定期限内进行整改，将整改结果书面报告审计委员会办公室、审计机关，以及组织部门或者主管部门；

二是对审计决定，在规定期限内执行完毕，将执行情况书面报告审计委员会办公室、审计机关；

三是根据审计发现的问题，落实有关责任人员的责任，采取相应的处理措施；

四是根据审计建议，采取措施，健全制度，加强管理；

五是将审计结果以及整改情况纳入所在单位领导班子党风廉政建设责任制检查考核的内容，作为领导班子民主生活会以及领导班子成员述责述廉的重要内容。

思考题

1.审计部门对经济责任审计结果的运用表现在哪些方面？

2.联席会议相关成员单位对审计结果的运用表现在哪些方面？

3.被审计领导干部及其所在单位根据审计结果如何进行整改？

第十三章　领导干部经济责任审计的其他内容

学习目标 ....

1.掌握领导干部经济责任审计的工作原则和纪律要求
2.了解领导干部经济责任审计相关政策法规

第一节　领导干部经济责任审计的工作原则和纪律要求

党政领导干部经济责任审计的工作和纪律要求随国家经济政策和国家治理对审计工作的要求而变化。党的十九大作出了健全党和国家监督体系的战略部署。党的十九届四中全会明确提出要充分发挥审计监督职能作用。习近平总书记在中央审计委员会第一次会议上强调,审计是党和国家监督体系的重要组成部分,在推进国家治理体系和治理能力现代化的进程中具有十分重要的作用;审计机关要依法全面履行审计监督职责,做好常态化的"经济体检",促进经济高质量发展,促进全面深化改革,促进权力规范运行,促进反腐倡廉;努力做到党中央重大政策措施部署到哪里、国家利益延伸到哪里、公共资金运用到哪里、公权力行使到哪里,审计监督就跟进到哪里。这些是做好各项审计工作的根本遵循。

一、聚焦经济责任,全面落实审计工作方案

审计组要严格执行审计工作方案,结合被审单位的实际情况、地域特点等,确保工作方案确定的重点内容落实到位。突出重点,聚焦与被审计人员经济责任有关的重大事项,聚焦主要问题,重点关注被审单位本部及主要职能部门、单位等,非重大事

项原则上不延伸三级及以下单位。规范延伸调查行为,需要延伸调查审计实施方案以外单位或事项的,应报经审计组组长或其委托人员批准。

二、客观审慎评价,准确界定责任

审计组要全面检查被审计领导干部任职期间与履行经济责任有关的重大决策和管理活动的合规性,对审计发现的履行经济责任中存在的问题,既要严格依据有关法律法规、规章制度对其准确定性,也要根据被审计领导干部履职特点和职责分工,充分考虑相关事项的历史背景、决策程序等要求和实际决策过程,充分听取有关方面的意见,依法依规、实事求是地作出审计评价,客观、合理、准确地界定被审计领导干部应承担的责任。同时,要充分考虑当前经济社会发展的宏观大局,审计工作要有利于"六稳"政策落实,有利于服务实体经济,不能因审计工作方式方法不当而带来负面影响。

三、加强组织管理,保证审计质量

审计组实行组长负责制,审计组组长对审计项目质量负总责。审计组严格依法开展审计,严格遵守国家审计准则和审计现场管理办法。调取被审单位党组会会议纪要等重要文件,必须报经审计组组长或其授权的副组长批准。各参审单位要加强沟通协调,整合审计资源,形成整体合力。各审计组要及时报告审计中发现的重要事项、敏感问题和重要线索,按规定时间提交审计报告及相关资料。

四、大力推进大数据审计,提高审计效率

要认真贯彻落实习近平总书记关于"坚持科技强审,加强审计信息化建设"的重要指示精神,"向信息化要资源、向大数据要效率",强化大数据审计思维,积极运用"总体分析、发现疑点、分散核实、系统研究"的数字化审计模式,做到数据集中分析,积极利用业务数据、财务数据、行业数据以及跨领域数据开展综合比对和关联分析,把握总体情况,聚焦审计重点,发现重大问题线索,提升宏观分析能力。现场审计要加强数据采集和分析工作,切实提高大数据审计能力,提升审计效率。

五、严格遵守各项纪律,强化廉政风险控制

按照基层党组织标准化管理的相关要求,现场审计要着力加强临时党支部建设,认真落实好组织生活制度,充分发挥审计组临时党组织的战斗堡垒作用和广大党员干部的先锋模范作用。认真落实中央八项规定精神及其实施细则,严格执行审计"四

严禁"工作要求和审计"八不准"工作纪律,认真开展警示教育活动,加强审计现场廉政风险控制。严格遵守保密纪律、宣传纪律,严格执行相关保密规定,加强人员、文件和电子数据管理,确保不发生泄密事件。

第二节　领导干部经济责任审计相关政策法规

《中华人民共和国宪法》和《中华人民共和国审计法》对审计机关的设置和审计监督地位、内容作出了规定。

《国务院关于加强审计工作的意见》(国发〔2014〕48号)、中共中央办公厅、国务院办公厅印发的《关于完善审计制度若干重大问题的框架意见》及《关于实行审计全覆盖的实施意见》,对审计机关全面履行审计监督职责,对公共资金、国有资产、国有资源和领导干部履行经济责任情况实行审计全覆盖提出了要求。

实践中,中共中央办公厅、国务院办公厅发布的《党政主要领导干部和国有企事业单位主要领导人员经济责任审计规定》是当前党政主要领导干部经济责任审计主要直接依据的法规。

(知)(识)(链)(接)

国务院关于加强审计工作的意见

(国发〔2014〕48号)

各省、自治区、直辖市人民政府,国务院各部委、各直属机构:

为切实加强审计工作,推动国家重大决策部署和有关政策措施的贯彻落实,更好地服务改革发展,维护经济秩序,促进经济社会持续健康发展,现提出以下意见:

一、总体要求

(一)指导思想

坚持以邓小平理论、"三个代表"重要思想、科学发展观为指导,深入贯彻落实党的十八大和十八届二中、三中全会精神,依法履行审计职责,加大审计力度,创新审计方式,提高审计效率,对稳增长、促改革、调结构、惠民生、防风险等政策措施落实情况,以及公共资金、国有资产、国有资源、领导干部经济责任履行情况进行审计,实现审计监督全覆盖,促进国家治理现代化和国民经济健康发展。

(二)基本原则

——围绕中心,服务大局。紧紧围绕国家中心工作,服务改革发展,服务改善民生,促进社会公正,为建设廉洁政府、俭朴政府、法治政府提供有力支持。

——发现问题,完善机制。发现国家政策措施执行中存在的主要问题和重大违法违纪案件线索,维护财经法纪,促进廉政建设;发现经济社会运行中的突出矛盾和风险隐患,维护国家经济安全;发现经济运行中好的做法、经验和问题,注重从体制机制制度层面分析原因和提出建议,促进深化改革和创新体制机制。

——依法审计,秉公用权。依法履行宪法和法律赋予的职责,敢于碰硬,勇于担当,严格遵守审计工作纪律和各项廉政、保密规定,注意工作方法,切实做到依法审计、文明审计、廉洁审计。

二、发挥审计促进国家重大决策部署落实的保障作用

(三)推动政策措施贯彻落实

持续组织对国家重大政策措施和宏观调控部署落实情况的跟踪审计,着力监督检查各地区、各部门落实稳增长、促改革、调结构、惠民生、防风险等政策措施的具体部署、执行进度、实际效果等情况,特别是重大项目落地、重点资金保障,以及简政放权推进情况,及时发现和纠正有令不行、有禁不止行为,反映好的做法、经验和新情况、新问题,促进政策落地生根和不断完善。

(四)促进公共资金安全高效使用

要看好公共资金,严防贪污、浪费等违法违规行为,确保公共资金安全。把绩效理念贯穿审计工作始终,加强预算执行和其他财政收支审计,密切关注财政资金的存量和增量,促进减少财政资金沉淀,盘活存量资金,推动财政资金合理配置、高效使用,把钱用在刀刃上。围绕中央八项规定精神和国务院"约法三章"要求,加强"三公"经费、会议费使用和楼堂馆所建设等方面审计,促进厉行节约和规范管理,推动俭朴政府建设。

(五)维护国家经济安全

要加大对经济运行中风险隐患的审计力度,密切关注财政、金融、民生、国有资产、能源、资源和环境保护等方面存在的薄弱环节和风险隐患,以及可能引发的社会不稳定因素,特别是地方政府性债务、区域性金融稳定等情况,注意发现和反映苗头性、倾向性问题,积极提出解决问题和化解风险的建议。

(六)促进改善民生和生态文明建设

加强对"三农"、社会保障、教育、文化、医疗、扶贫、救灾、保障性安居工程等重点民生资金和项目的审计,加强对土地、矿产等自然资源,以及大气、水、固体废物等污染治理和环境保护情况的审计,探索实行自然资源资产离任审计,深入分析财政投入与项目进展、事业发展等情况,推动惠民和资源、环保政策落实到位。

(七)推动深化改革

密切关注各项改革措施的协调配合情况,促进增强改革的系统性、整体性和协调性。正确把握改革和发展中出现的新情况,对不合时宜、制约发展、阻碍改革的制度

规定,及时予以反映,推动改进和完善。

三、强化审计的监督作用

(八)促进依法行政、依法办事

要加大对依法行政情况的审计力度,注意发现有法不依、执法不严等问题,促进法治政府建设,切实维护法律尊严。要着力反映严重损害群众利益、妨害公平竞争等问题,维护市场经济秩序和社会公平正义。

(九)推进廉政建设

对审计发现的重大违法违纪问题,要查深查透查实。重点关注财政资金分配、重大投资决策和项目审批、重大物资采购和招标投标、贷款发放和证券交易、国有资产和股权转让、土地和矿产资源交易等重点领域和关键环节,揭露以权谋私、失职渎职、贪污受贿、内幕交易等问题,促进廉洁政府建设。

(十)推动履职尽责

深化领导干部经济责任审计,着力检查领导干部守法守纪守规尽责情况,促进各级领导干部主动作为、有效作为,切实履职尽责。依法依纪反映不作为、慢作为、乱作为问题,促进健全责任追究和问责机制。

四、完善审计工作机制

(十一)依法接受审计监督

凡是涉及管理、分配、使用公共资金、国有资产、国有资源的部门、单位和个人,都要自觉接受审计、配合审计,不得设置障碍。有关部门和单位要依法、及时、全面提供审计所需的财务会计、业务和管理等资料,不得制定限制向审计机关提供资料和开放计算机信息系统查询权限的规定,已经制定的应予修订或废止。对获取的资料,审计机关要严格保密。

(十二)提供完整准确真实的电子数据

有关部门、金融机构和国有企事业单位应根据审计工作需要,依法向审计机关提供与本单位、本系统履行职责相关的电子数据信息和必要的技术文档;在确保数据信息安全的前提下,协助审计机关开展联网审计。在现场审计阶段,被审计单位要为审计机关进行电子数据分析提供必要的工作环境。

(十三)积极协助审计工作

审计机关履行职责需要协助时,有关部门、单位要积极予以协助和支持,并对有关审计情况严格保密。要建立健全审计与纪检监察、公安、检察以及其他有关主管单位的工作协调机制,对审计移送的违法违纪问题线索,有关部门要认真查处,及时向审计机关反馈查处结果。审计机关要跟踪审计移送事项的查处结果,适时向社会公告。

五、狠抓审计发现问题的整改落实

(十四)健全整改责任制

被审计单位的主要负责人作为整改第一责任人,要切实抓好审计发现问题的整改工作,对重大问题要亲自管、亲自抓。对审计发现的问题和提出的审计建议,被审计单位要及时整改和认真研究,整改结果在书面告知审计机关的同时,要向同级政府或主管部门报告,并向社会公告。

(十五)加强整改督促检查

各级政府每年要专题研究国家重大决策部署和有关政策措施落实情况审计,以及本级预算执行和其他财政收支审计查出问题的整改工作,将整改纳入督查督办事项。对审计反映的问题,被审计单位主管部门要及时督促整改。审计机关要建立整改检查跟踪机制,必要时可提请有关部门协助落实整改意见。

(十六)严肃整改问责

各地区、各部门要把审计结果及其整改情况作为考核、奖惩的重要依据。对审计发现的重大问题,要依法依纪作出处理,严肃追究有关人员责任。对审计反映的典型性、普遍性、倾向性问题,要及时研究,完善制度规定。对整改不到位的,要与被审计单位主要负责人进行约谈。对整改不力、屡审屡犯的,要严格追责问责。

六、提升审计能力

(十七)强化审计队伍建设

着力提高审计队伍的专业化水平,推进审计职业化建设,建立审计人员职业保障制度,实行审计专业技术资格制度,完善审计职业教育培训体系,努力建设一支具有较高政治素质和业务素质、作风过硬的审计队伍。审计机关负责人原则上应具备经济、法律、管理等工作背景。招录审计人员可加试审计工作必需的专业知识和技能,部分专业性强的职位可实行聘任制。

(十八)推动审计方式创新

加强审计机关审计计划的统筹协调,优化审计资源配置,开展好涉及全局的重大项目审计,探索预算执行项目分阶段组织实施审计的办法,对重大政策措施、重大投资项目、重点专项资金和重大突发事件等可以开展全过程跟踪审计。根据审计项目实施需要,探索向社会购买审计服务。加强上级审计机关对下级审计机关的领导,建立健全工作报告等制度,地方各级审计机关将审计结果和重大案件线索向同级政府报告的同时,必须向上一级审计机关报告。

(十九)加快推进审计信息化

推进有关部门、金融机构和国有企事业单位等与审计机关实现信息共享,加大数据集中力度,构建国家审计数据系统。探索在审计实践中运用大数据技术的途径,加大数据综合利用力度,提高运用信息化技术查核问题、评价判断、宏观分析的能力。创新电子审计技术,提高审计工作能力、质量和效率。推进对各部门、单位计算机信息系统安全性、可靠性和经济性的审计。

(二十)保证履行审计职责必需的力量和经费

根据审计任务日益增加的实际,合理配置审计力量。按照科学核算、确保必需的原则,在年度财政预算中切实保障本级审计机关履行职责所需经费,为审计机关提供相应的工作条件。加强内部审计工作,充分发挥内部审计作用。

七、加强组织领导

(二十一)健全审计工作领导机制

地方各级政府主要负责人要依法直接领导本级审计机关,支持审计机关工作,定期听取审计工作汇报,及时研究解决审计工作中遇到的突出问题,把审计结果作为相关决策的重要依据。要加强政府监督检查机关间的沟通交流,充分利用已有的检查结果等信息,避免重复检查。

(二十二)维护审计的独立性

地方各级政府要保障审计机关依法审计、依法查处问题、依法向社会公告审计结果,不受其他行政机关、社会团体和个人的干涉,定期组织开展对审计法律法规执行情况的监督检查。对拒不接受审计监督,阻挠、干扰和不配合审计工作,或威胁、恐吓、报复审计人员的,要依法依纪查处。

国务院
2014 年 10 月 9 日

知识链接

中共中央办公厅、国务院办公厅关于完善审计制度若干重大问题的框架意见

根据《中共中央关于全面推进依法治国若干重大问题的决定》和《国务院关于加强审计工作的意见》要求,为保障审计机关依法独立行使审计监督权,更好发挥审计在党和国家监督体系中的重要作用,现就完善审计制度有关重大问题提出如下框架意见。

一、总体要求

(一)指导思想

全面贯彻党的十八大和十八届二中、三中、四中、五中全会精神,以邓小平理论、"三个代表"重要思想、科学发展观为指导,深入学习贯彻习近平总书记系列重要讲话精神,紧紧围绕协调推进"四个全面"战略布局,按照党中央、国务院决策部署,认真贯彻落实宪法、审计法等法律法规,紧密结合审计工作的职责任务和履职特点,着眼依法独立行使审计监督权,创新体制机制,加强和改进新形势下的审计工作,强化审计队伍建设,不断提升审计能力和水平,更好服务于经济社会持续健康发展。

（二）总体目标

加大改革创新力度,完善审计制度,健全有利于依法独立行使审计监督权的审计管理体制,建立具有审计职业特点的审计人员管理制度,对公共资金、国有资产、国有资源和领导干部履行经济责任情况实行审计全覆盖,做到应审尽审、凡审必严、严肃问责。到2020年,基本形成与国家治理体系和治理能力现代化相适应的审计监督机制,更好发挥审计在保障国家重大决策部署贯彻落实、维护国家经济安全、推动深化改革、促进依法治国、推进廉政建设中的重要作用。

（三）基本原则

——坚持党的领导。加强党对审计工作的领导,围绕党委和政府的中心任务,研究提出审计工作的目标、任务和重点,严格执行重要审计情况报告制度,支持审计机关依法独立开展工作。坚持党管干部原则,加强审计机关领导班子和队伍建设,健全审计干部培养和管理机制,合理配置审计力量。

——坚持依法有序。运用法治思维和法治方式推动审计工作制度创新,充分发挥法治的引领和规范作用,破解改革难题,依法有序推进。重大改革措施需要取得法律授权的,按法律程序实施。

——坚持问题导向。针对制约审计监督作用发挥的体制机制障碍、影响审计事业长远发展的重点难点问题,积极探索创新,推进审计制度完善。

——坚持统筹推进。充分考虑改革的复杂性和艰巨性,做到整体谋划、分类设计、分步实施,及时总结工作经验,确保各项措施相互衔接、协调推进。

二、主要任务

（一）实行审计全覆盖

按照协调推进"四个全面"战略布局的要求,依法全面履行审计监督职责,坚持党政同责、同责同审,对公共资金、国有资产、国有资源和领导干部履行经济责任情况实行审计全覆盖。摸清审计对象底数,充分考虑审计资源状况,明确审计重点,科学规划、统筹安排、分类实施,有重点、有步骤、有深度、有成效地推进。建立健全与审计全覆盖相适应的工作机制,统筹整合审计资源,创新审计组织方式和技术方法,提高审计能力和效率。

（二）强化上级审计机关对下级审计机关的领导

围绕增强审计监督的整体合力和独立性,强化全国审计工作统筹。加强审计机关干部管理,任免省级审计机关正职,须事先征得审计署党组同意;任免省级审计机关副职,须事先征求审计署党组的意见。上级审计机关要加强审计项目计划的统筹和管理,合理配置审计资源,省级审计机关年度审计项目计划要报审计署备案。上级审计机关要根据本地区经济社会发展实际需要,统筹组织本地区审计机关力量,开展好涉及全局的重大项目审计。健全重大事项报告制度,审计机关的重大事项和审计结果必须向上级审计机关报告,同时抄报同级党委和政府。上级审计机关要加强对下级审计机关的考核。

（三）探索省以下地方审计机关人财物管理改革

2015年选择江苏、浙江、山东、广东、重庆、贵州、云南等7省市开展省以下地方审计机关人财物管理改革试点，试点地区省级党委和政府要按照党管干部、统一管理的要求，加强对本地区审计试点工作的领导。市地级审计机关正职由省级党委（党委组织部）管理，其他领导班子成员和县级审计机关领导班子成员可以委托市地级党委管理。完善机构编制和人员管理制度，省级机构编制管理部门统一管理本地区审计机关的机构编制，省级审计机关协助开展相关工作，地方审计人员由省级统一招录。改进经费和资产管理制度，地方审计机关的经费预算、资产由省级有关部门统一管理，也可以根据实际情况委托市地、县有关部门管理。地方审计机关的各项经费标准由各地在现有法律法规框架内结合实际确定，确保不低于现有水平。建立健全审计业务管理制度，试点地区审计机关审计项目计划由省级审计机关统一管理，统筹组织本地区审计机关力量，开展好涉及全局的重大项目审计。

（四）推进审计职业化建设

根据审计职业特点，建立分类科学、权责一致的审计人员管理制度和职业保障机制，确保审计队伍的专业化水平。根据公务员法和审计职业特点，建立适应审计工作需要的审计人员分类管理制度，建立审计专业技术类公务员职务序列。完善审计人员选任机制，审计专业技术类公务员和综合管理类公务员分类招录，对专业性较强的职位可以实行聘任制。健全审计职业岗位责任追究机制。完善审计职业保障机制和职业教育培训体系。

（五）加强审计队伍思想和作风建设

要加强思想政治建设，强化理论武装，坚定理想信念，严守政治纪律和政治规矩，不断提高审计队伍的政治素质。切实践行社会主义核心价值观，加强审计职业道德建设，培育和弘扬审计精神，恪守审计职业操守，做到依法审计、文明审计。加强党风廉政建设，从严管理审计队伍，严格执行廉政纪律和审计工作纪律，坚持原则、无私无畏、敢于碰硬，做到忠诚、干净、担当。

（六）建立健全履行法定审计职责保障机制

各级党委和政府要定期听取审计工作情况汇报，帮助解决实际困难和问题，支持审计机关依法履行职责，保障审计机关依法独立行使审计监督权，不受其他行政机关、社会团体和个人的干涉。审计机关不得超越职责权限、超越自身能力、违反法定程序开展审计，不参与各类与审计法定职责无关的、可能影响依法独立进行审计监督的议事协调机构或工作。健全干预审计工作行为登记报告制度。凡是涉及管理、分配、使用公共资金、国有资产、国有资源的部门、单位和个人，都要自觉接受审计、配合审计，及时、全面提供审计所需的财务会计、业务和管理等资料，不得制定限制向审计机关提供资料和开放计算机信息系统查询权限的规定，已经制定的应予修订或废止。

对拒不接受审计监督,阻挠、干扰和不配合审计工作,或威胁恐吓、打击报复审计人员的,要依纪依法查处。审计机关要进一步优化审计工作机制,充分听取有关主管部门和审计对象的意见,客观公正地作出审计结论,维护审计对象的合法权益。

（七）完善审计结果运用机制

建立健全审计与组织人事、纪检监察、公安、检察以及其他有关主管单位的工作协调机制,把审计监督与党管干部、纪律检查、追责问责结合起来,把审计结果及整改情况作为考核、任免、奖惩领导干部的重要依据。对审计发现的违纪违法问题线索或其他事项,审计机关要依法及时移送有关部门和单位,有关部门和单位要认真核实查处,并及时向审计机关反馈查处结果,不得推诿、塞责。对审计发现的典型性、普遍性、倾向性问题和提出的审计建议,有关部门和单位要认真研究,及时清理不合理的制度和规则,建立健全有关制度规定。领导干部经济责任审计结果和审计发现问题的整改情况,要纳入所在单位领导班子民主生活会及党风廉政建设责任制检查考核的内容,作为领导班子成员述职述廉、年度考核、任职考核的重要依据。有关部门和单位要加强督促和检查,推动抓好审计发现问题的整改。对整改不力、屡审屡犯的,要与被审计单位主要负责人进行约谈,严格追责问责。各级人大常委会要把督促审计查出突出问题整改工作与审查监督政府、部门预算决算工作结合起来,建立听取和审议审计查出突出问题整改情况报告机制。审计机关要依法依规公告审计结果,被审计单位要公告整改结果。

（八）加强对审计机关的监督

各级党委、人大、政府要加强对审计机关的监督,定期组织开展审计法律法规执行情况检查,督促审计机关切实加强党风廉政建设、严格依法审计、依法查处问题、依法向社会公告审计结果。探索建立对审计机关的外部审计制度,加强对审计机关主要领导干部的经济责任审计,外部审计由同级党委和政府及上级审计机关负责组织。完善聘请民主党派和无党派人士担任特约审计员制度。审计机关要坚持阳光法则,加大公开透明度,自觉接受人民监督。

三、加强组织领导

（一）加强组织实施

完善审计制度,保障依法独立行使审计监督权,是党中央、国务院作出的重大决策部署。有关部门和地方各级党委、政府要从党和国家事业发展全局出发,充分认识完善审计制度的重大意义,加强工作统筹,形成合力,推动各项改革措施贯彻落实。

（二）有序部署推进

审计署要会同有关部门按照本框架意见和《关于实行审计全覆盖的实施意见》、《关于省以下地方审计机关人财物管理改革试点方案》、《关于推进国家审计职业化建设的指导意见》确定的目标要求和任务,加强组织协调,密切配合,有重点、有步骤地抓好落实。省级党委和政府要加强对本地区有关工作的领导,抓紧研究制定本地区的落实意见和方案,明确具体措施和时间表。实施过程中遇到的重大问题,要及时报告。

(三)推动完善相关法律制度

根据完善审计制度的需要,在充分总结试点及实施经验的基础上,及时推动修订完善审计法及其实施条例,健全相关配套规章制度,使各项工作于法有据,确保各项任务顺利实施。根据我国国情,进一步研究完善有关制度设计,切实解决重点难点问题。

中共中央办公厅、国务院办公厅关于实行审计全覆盖的实施意见

为全面履行审计监督职责,对公共资金、国有资产、国有资源和领导干部履行经济责任情况实行审计全覆盖,根据《关于完善审计制度若干重大问题的框架意见》,制定本实施意见。

一、实行审计全覆盖的目标要求

对公共资金、国有资产、国有资源和领导干部履行经济责任情况实行审计全覆盖,是党中央、国务院对审计工作提出的明确要求。审计机关要建立健全与审计全覆盖相适应的工作机制,科学规划,统筹安排,分类实施,注重实效,坚持党政同责、同责同审,通过在一定周期内对依法属于审计监督范围的所有管理、分配、使用公共资金、国有资产、国有资源的部门和单位,以及党政主要领导干部和国有企事业领导人员履行经济责任情况进行全面审计,实现审计全覆盖,做到应审尽审、凡审必严、严肃问责。对重点部门、单位要每年审计,其他审计对象1个周期内至少审计1次,对重点地区、部门、单位以及关键岗位的领导干部任期内至少审计1次,对重大政策措施、重大投资项目、重点专项资金和重大突发事件开展跟踪审计,坚持问题导向,对问题多、反映大的单位及领导干部要加大审计频次,实现有重点、有步骤、有深度、有成效的全覆盖。充分发挥审计监督作用,通过审计全覆盖发现国家重大决策部署执行中存在的突出问题和重大违纪违法问题线索,维护财经法纪,促进廉政建设;反映经济运行中的突出矛盾和风险隐患,维护国家经济安全;总结经济运行中好的做法和经验,注重从体制机制层面分析原因和提出建议,促进深化改革和体制机制创新。

二、对公共资金实行审计全覆盖

审计机关要依法对政府的全部收入和支出、政府部门管理或其他单位受政府委托管理的资金,以及相关经济活动进行审计。主要检查公共资金筹集、管理、分配、使用过程中遵守国家法律法规情况,贯彻执行国家重大政策措施和宏观调控部署情况,公共资金管理使用的真实性、合法性、效益性以及公共资金沉淀等情况,公共资金投入与项目进展、事业发展等情况,公共资金管理、使用部门和单位的财政财务收支、预算执行和决算情况,以及职责履行情况,以促进公共资金安全高效使用。根据公共资金的重要性、规模和管理分配权限等因素,确定重点审计对象。坚持以公共资金运行

和重大政策落实情况为主线,将预算执行审计与决算草案审计、专项资金审计、重大投资项目跟踪审计等相结合,对涉及的重点部门和单位进行重点监督,加大对资金管理分配使用关键环节的审计力度。

三、对国有资产实行审计全覆盖

审计机关要依法对行政事业单位、国有和国有资本占控股或主导地位的企业(含金融企业,以下简称国有企业)等管理、使用和运营的境内外国有资产进行审计。主要检查国有资产管理、使用和运营过程中遵守国家法律法规情况,贯彻执行国家重大政策措施和宏观调控部署情况,国有资产真实完整和保值增值情况,国有资产重大投资决策及投资绩效情况,资产质量和经营风险管理情况,国有资产管理部门职责履行情况,以维护国有资产安全,促进提高国有资产运营绩效。根据国有资产的规模、管理状况以及管理主体的战略地位等因素,确定重点审计对象。对国有企业资产负债损益情况进行审计,将国有资产管理使用情况作为行政事业单位年度预算执行审计或其他专项审计的内容。

四、对国有资源实行审计全覆盖

审计机关要依法对土地、矿藏、水域、森林、草原、海域等国有自然资源,特许经营权、排污权等国有无形资产,以及法律法规规定属于国家所有的其他资源进行审计。主要检查国有资源管理和开发利用过程中遵守国家法律法规情况,贯彻执行国家重大政策措施和宏观调控部署情况,国有资源开发利用和生态环境保护情况,相关资金的征收、管理、分配和使用情况,资源环境保护项目的建设情况和运营效果、国有资源管理部门的职责履行情况,以促进资源节约集约利用和生态文明建设。根据国有资源的稀缺性、战略性和分布情况等因素,确定重点审计对象。加大对资源富集和毁损严重地区的审计力度,对重点国有资源进行专项审计,将国有资源开发利用和生态环境保护等情况作为领导干部经济责任审计的重要内容,对领导干部实行自然资源资产离任审计。

五、对领导干部履行经济责任情况实行审计全覆盖

审计机关要依法对地方各级党委、政府、审判机关、检察机关,中央和地方各级党政工作部门、事业单位、人民团体等单位的党委(党组、党工委)和行政正职领导干部(包括主持工作1年以上的副职领导干部),国有企业法定代表人,以及实际行使相应职权的企业领导人员履行经济责任情况进行审计。主要检查领导干部贯彻执行党和国家经济方针政策、决策部署情况,遵守有关法律法规和财经纪律情况,本地区本部门本单位发展规划和政策措施制定、执行情况及效果,重大决策和内部控制制度的执行情况及效果,本人遵守党风廉政建设有关规定情况等,以促进领导干部守法、守纪、守规、尽责。根据领导干部的岗位性质、履行经济责任的重要程度、管理资金资产资源规模等因素,确定重点审计对象和审计周期。坚持任中审计和离任审计相结合,经

济责任审计与财政审计、金融审计、企业审计、资源环境审计、涉外审计等相结合,实现项目统筹安排、协同实施。

六、加强审计资源统筹整合

适应审计全覆盖的要求,加大审计资源统筹整合力度,避免重复审计,增强审计监督整体效能。加强审计项目计划统筹,在摸清审计对象底数的基础上,建立分行业、分领域审计对象数据库,分类确定审计重点和审计频次,编制中长期审计项目规划和年度计划时,既要突出年度审计重点,又要保证在一定周期内实现全覆盖。整合各层级审计资源,开展涉及全局或行业性的重点资金和重大项目全面审计,发挥审计监督的整体性和宏观性作用。在充分总结经验的基础上,完善国家审计准则和审计指南体系,明确各项审计应遵循的具体标准和程序,提高审计的规范性。集中力量、重点突破,对热点难点问题进行专项审计,揭示普遍性、典型性问题,深入分析原因,提出对策建议,推动建立健全体制机制、堵塞制度漏洞,达到以点促面的效果。建立审计成果和信息共享机制,加强各级审计机关、不同审计项目之间的沟通交流,实现审计成果和信息及时共享,提高审计监督成效。加强内部审计工作,充分发挥内部审计作用。有效利用社会审计力量,除涉密项目外,根据审计项目实施需要,可以向社会购买审计服务。

七、创新审计技术方法

构建大数据审计工作模式,提高审计能力、质量和效率,扩大审计监督的广度和深度。有关部门、金融机构和国有企事业单位应根据审计工作需要,依法向审计机关提供与本单位本系统履行职责相关的电子数据信息和必要的技术文档,不得制定限制向审计机关提供资料和开放计算机信息系统查询权限的规定,已经制定的应予修订或废止。审计机关要建立健全数据定期报送制度,加大数据集中力度,对获取的数据资料严格保密。适应大数据审计需要,构建国家审计数据系统和数字化审计平台,积极运用大数据技术,加大业务数据与财务数据、单位数据与行业数据以及跨行业、跨领域数据的综合比对和关联分析力度,提高运用信息化技术查核问题、评价判断、宏观分析的能力。探索建立审计实时监督系统,实施联网审计。

知识链接 ···

党政主要领导干部和国有企事业单位主要领导人员经济责任审计规定

第一章　总则

第一条　为了坚持和加强党对审计工作的集中统一领导,强化对党政主要领导干部和国有企事业单位主要领导人员(以下统称领导干部)的管理监督,促进领导干部履职尽责、担当作为,确保党中央令行禁止,根据《中华人民共和国审计法》和有关党内法规,制定本规定。

第二条　经济责任审计工作以马克思列宁主义、毛泽东思想、邓小平理论、"三个代表"重要思想、科学发展观、习近平新时代中国特色社会主义思想为指导,增强"四个意识"、坚定"四个自信"、做到"两个维护",认真落实党中央、国务院决策部署,紧紧围绕统筹推进"五位一体"总体布局和协调推进"四个全面"战略布局,贯彻新发展理念,聚焦经济责任,客观评价,揭示问题,促进经济高质量发展,促进全面深化改革,促进权力规范运行,促进反腐倡廉,推进国家治理体系和治理能力现代化。

第三条　本规定所称经济责任,是指领导干部在任职期间,对其管辖范围内贯彻执行党和国家经济方针政策、决策部署,推动经济和社会事业发展,管理公共资金、国有资产、国有资源,防控重大经济风险等有关经济活动应当履行的职责。

第四条　领导干部经济责任审计对象包括:

(一)地方各级党委、政府、纪检监察机关、法院、检察院的正职领导干部或者主持工作1年以上的副职领导干部;

(二)中央和地方各级党政工作部门、事业单位和人民团体等单位的正职领导干部或者主持工作1年以上的副职领导干部;

(三)国有和国有资本占控股地位或者主导地位的企业(含金融机构,以下统称国有企业)的法定代表人或者不担任法定代表人但实际行使相应职权的主要领导人员;

(四)上级领导干部兼任下级单位正职领导职务且不实际履行经济责任时,实际分管日常工作的副职领导干部;

(五)党中央和县级以上地方党委要求进行经济责任审计的其他主要领导干部。

第五条　领导干部履行经济责任的情况,应当依规依法接受审计监督。

经济责任审计可以在领导干部任职期间进行,也可以在领导干部离任后进行,以任职期间审计为主。

第六条　领导干部的经济责任审计按照干部管理权限确定。遇有干部管理权限与财政财务隶属关系等不一致时,由对领导干部具有干部管理权限的部门与同级审计机关共同确定实施审计的审计机关。

审计署审计长的经济责任审计,按照中央审计委员会的决定组织实施。地方审计机关主要领导干部的经济责任审计,由地方党委与上一级审计机关协商后,由上一级审计机关组织实施。

第七条　审计委员会办公室、审计机关依规依法独立实施经济责任审计,任何组织和个人不得拒绝、阻碍、干涉,不得打击报复审计人员。

对有意设置障碍、推诿拖延的,应当进行批评和通报;造成恶劣影响的,应当严肃问责追责。

第八条　审计委员会办公室、审计机关和审计人员对经济责任审计工作中知悉的国家秘密、商业秘密和个人隐私,负有保密义务。

第九条　各级党委和政府应当保证履行经济责任审计职责所必需的机构、人员和经费。

第二章　组织协调

第十条　各级党委和政府应当加强对经济责任审计工作的领导，建立健全经济责任审计工作联席会议（以下简称联席会议）制度。联席会议由纪检监察机关和组织、机构编制、审计、财政、人力资源社会保障、国有资产监督管理、金融监督管理等部门组成，召集人由审计委员会办公室主任担任。联席会议在同级审计委员会的领导下开展工作。

联席会议下设办公室，与同级审计机关内设的经济责任审计机构合署办公。办公室主任由同级审计机关的副职领导或者相当职务层次领导担任。

第十一条　联席会议主要负责研究拟订有关经济责任审计的制度文件，监督检查经济责任审计工作情况，协调解决经济责任审计工作中出现的问题，推进经济责任审计结果运用，指导下级联席会议的工作，指导和监督部门、单位内部管理领导干部经济责任审计工作，完成审计委员会交办的其他工作。

联席会议办公室负责联席会议的日常工作。

第十二条　经济责任审计应当有计划地进行，根据干部管理监督需要和审计资源等实际情况，对审计对象实行分类管理，科学制定经济责任审计中长期规划和年度审计项目计划，推进领导干部履行经济责任情况审计全覆盖。

第十三条　年度经济责任审计项目计划按照下列程序制定：

（一）审计委员会办公室商同级组织部门提出审计计划安排，组织部门提出领导干部年度审计建议名单；

（二）审计委员会办公室征求同级纪检监察机关等有关单位意见后，纳入审计机关年度审计项目计划；

（三）审计委员会办公室提交同级审计委员会审议决定。

对属于有关主管部门管理的领导干部进行审计的，审计委员会办公室商有关主管部门提出年度审计建议名单，纳入审计机关年度审计项目计划，提交审计委员会审议决定。

第十四条　年度经济责任审计项目计划一经确定不得随意变更。确需调减或者追加的，应当按照原制定程序，报审计委员会批准后实施。

第十五条　被审计领导干部遇有被有关部门采取强制措施、纪律审查、监察调查或者死亡等特殊情况，以及存在其他不宜继续进行经济责任审计情形的，审计委员会办公室商同级纪检监察机关、组织部门等有关单位提出意见，报审计委员会批准后终止审计。

第三章　审计内容

第十六条　经济责任审计应当以领导干部任职期间公共资金、国有资产、国有资源的管理、分配和使用为基础，以领导干部权力运行和责任落实情况为重点，充分考虑领导干部管理监督需要、履职特点和审计资源等因素，依规依法确定审计内容。

第十七条　地方各级党委和政府主要领导干部经济责任审计的内容包括：

（一）贯彻执行党和国家经济方针政策、决策部署情况；

（二）本地区经济社会发展规划和政策措施的制定、执行和效果情况；

（三）重大经济事项的决策、执行和效果情况；

（四）财政财务管理和经济风险防范情况，民生保障和改善情况，生态文明建设项目、资金等管理使用和效益情况，以及在预算管理中执行机构编制管理规定情况；

（五）在经济活动中落实有关党风廉政建设责任和遵守廉洁从政规定情况；

（六）以往审计发现问题的整改情况；

（七）其他需要审计的内容。

第十八条　党政工作部门、纪检监察机关、法院、检察院、事业单位和人民团体等单位主要领导干部经济责任审计的内容包括：

（一）贯彻执行党和国家经济方针政策、决策部署情况；

（二）本部门本单位重要发展规划和政策措施的制定、执行和效果情况；

（三）重大经济事项的决策、执行和效果情况；

（四）财政财务管理和经济风险防范情况，生态文明建设项目、资金等管理使用和效益情况，以及在预算管理中执行机构编制管理规定情况；

（五）在经济活动中落实有关党风廉政建设责任和遵守廉洁从政规定情况；

（六）以往审计发现问题的整改情况；

（七）其他需要审计的内容。

第十九条　国有企业主要领导人员经济责任审计的内容包括：

（一）贯彻执行党和国家经济方针政策、决策部署情况；

（二）企业发展战略规划的制定、执行和效果情况；

（三）重大经济事项的决策、执行和效果情况；

（四）企业法人治理结构的建立、健全和运行情况，内部控制制度的制定和执行情况；

（五）企业财务的真实合法效益情况，风险管控情况，境外资产管理情况，生态环境保护情况；

（六）在经济活动中落实有关党风廉政建设责任和遵守廉洁从业规定情况；

（七）以往审计发现问题的整改情况；

（八）其他需要审计的内容。

第二十条　有关部门和单位、地方党委和政府的主要领导干部由上级领导干兼任,且实际履行经济责任的,对其进行经济责任审计时,审计内容仅限于该领导干部所兼任职务应当履行的经济责任。

第四章　审计实施

第二十一条　审计委员会办公室、审计机关应当根据年度经济责任审计项目计划,组成审计组并实施审计。

第二十二条　对同一地方党委和政府主要领导干部,以及同一部门、单位2名以上主要领导干部的经济责任审计,可以同步组织实施,分别认定责任。

第二十三条　审计委员会办公室、审计机关应当按照规定,向被审计领导干部及其所在单位或者原任职单位(以下统称所在单位)送达审计通知书,抄送同级纪检监察机关、组织部门等有关单位。

地方审计机关主要领导干部的经济责任审计通知书,由上一级审计机关送达。

第二十四条　实施经济责任审计时,应当召开由审计组主要成员、被审计领导干部及其所在单位有关人员参加的会议,安排审计工作有关事项。联席会议有关成员单位根据工作需要可以派人参加。

审计组应当在被审计单位公示审计项目名称、审计纪律要求和举报电话等内容。

第二十五条　经济责任审计过程中,应当听取被审计领导干部所在单位领导班子成员的意见。

对地方党委和政府主要领导干部的审计,还应当听取同级人大常委会、政协主要负责同志的意见。

审计委员会办公室、审计机关应当听取联席会议有关成员单位的意见,及时了解与被审计领导干部履行经济责任有关的考察考核、群众反映、巡视巡察反馈、组织约谈、函询调查、案件查处结果等情况。

第二十六条　被审计领导干部及其所在单位,以及其他有关单位应当及时、准确、完整地提供与被审计领导干部履行经济责任有关的下列资料:

(一)被审计领导干部经济责任履行情况报告;

(二)工作计划、工作总结、工作报告、会议记录、会议纪要、决议决定、请示、批示、目标责任书、经济合同、考核检查结果、业务档案、机构编制、规章制度、以往审计发现问题整改情况等资料;

(三)财政收支、财务收支相关资料;

(四)与履行职责相关的电子数据和必要的技术文档;

(五)审计所需的其他资料。

第二十七条　被审计领导干部及其所在单位应当对所提供资料的真实性、完整性负责,并作出书面承诺。

第二十八条　经济责任审计应当加强与领导干部自然资源资产离任审计等其他审计的统筹协调,科学配置审计资源,创新审计组织管理,推动大数据等新技术应用,建立健全审计工作信息和结果共享机制,提高审计监督整体效能。

第二十九条　经济责任审计过程中,可以依规依法提请有关部门、单位予以协助。有关部门、单位应当予以支持,并及时提供有关资料和信息。

第三十条　审计组实施审计后,应当向派出审计组的审计委员会办公室、审计机关提交审计报告。

审计报告一般包括被审计领导干部任职期间履行经济责任情况的总体评价、主要业绩、审计发现的主要问题和责任认定、审计建议等内容。

第三十一条　审计委员会办公室、审计机关应当书面征求被审计领导干部及其所在单位对审计组审计报告的意见。

第三十二条　被审计领导干部及其所在单位应当自收到审计组审计报告之日起10个工作日内提出书面意见;10个工作日内未提出书面意见的,视同无异议。

审计组应当针对被审计领导干部及其所在单位提出的书面意见,进一步研究和核实,对审计报告作出必要的修改,连同被审计领导干部及其所在单位的书面意见一并报送审计委员会办公室、审计机关。

第三十三条　审计委员会办公室、审计机关按照规定程序对审计组审计报告进行审定,出具经济责任审计报告;同时出具经济责任审计结果报告,在经济责任审计报告的基础上,简要反映审计结果。

经济责任审计报告和经济责任审计结果报告应当事实清楚、评价客观、责任明确、用词恰当、文字精练、通俗易懂。

第三十四条　经济责任审计报告、经济责任审计结果报告等审计结论性文书按照规定程序报同级审计委员会,按照干部管理权限送组织部门。根据工作需要,送纪检监察机关等联席会议其他成员单位、有关主管部门。

地方审计机关主要领导干部的经济责任审计结论性文书,由上一级审计机关送有关组织部门。根据工作需要,送有关纪检监察机关。

经济责任审计报告应当送达被审计领导干部及其所在单位。

第三十五条　经济责任审计中发现的重大问题线索,由审计委员会办公室按照规定向审计委员会报告。

应当由纪检监察机关或者有关主管部门处理的问题线索,由审计机关依规依纪依法移送处理。

被审计领导干部所在单位存在的违反国家规定的财政收支、财务收支行为,依法应当给予处理处罚的,由审计机关在法定职权范围内作出审计决定。

第三十六条　经济责任审计项目结束后,审计委员会办公室、审计机关应当组织召开会议,向被审计领导干部及其所在单位领导班子成员等有关人员反馈审计结果和相关情况。联席会议有关成员单位根据工作需要可以派人参加。

第三十七条　被审计领导干部对审计委员会办公室、审计机关出具的经济责任审计报告有异议的,可以自收到审计报告之日起 30 日内向同级审计委员会办公室申诉。审计委员会办公室应当组成复查工作小组,并要求原审计组人员等回避,自收到申诉之日起 90 日内提出复查意见,报审计委员会批准后作出复查决定。复查决定为最终决定。

地方审计机关主要领导干部对上一级审计机关出具的经济责任审计报告有异议的,可以自收到审计报告之日起 30 日内向上一级审计机关申诉。上一级审计机关应当组成复查工作小组,并要求原审计组人员等回避,自收到申诉之日起 90 日内作出复查决定。复查决定为最终决定。

本条规定的期间的最后一日是法定节假日的,以节假日后的第一个工作日为期间届满日。

第五章 审计评价

第三十八条 审计委员会办公室、审计机关应当根据不同领导职务的职责要求,在审计查证或者认定事实的基础上,综合运用多种方法,坚持定性评价与定量评价相结合,依照有关党内法规、法律法规、政策规定、责任制考核目标等,在审计范围内,对被审计领导干部履行经济责任情况,包括公共资金、国有资产、国有资源的管理、分配和使用中个人遵守廉洁从政(从业)规定等情况,作出客观公正、实事求是的评价。

审计评价应当有充分的审计证据支持,对审计中未涉及的事项不作评价。

第三十九条 对领导干部履行经济责任过程中存在的问题,审计委员会办公室、审计机关应当按照权责一致原则,根据领导干部职责分工,综合考虑相关问题的历史背景、决策过程、性质、后果和领导干部实际所起的作用等情况,界定其应当承担的直接责任或者领导责任。

第四十条 领导干部对履行经济责任过程中的下列行为应当承担直接责任:

(一)直接违反有关党内法规、法律法规、政策规定的;

(二)授意、指使、强令、纵容、包庇下属人员违反有关党内法规、法律法规、政策规定的;

(三)贯彻党和国家经济方针政策、决策部署不坚决不全面不到位,造成公共资金、国有资产、国有资源损失浪费,生态环境破坏,公共利益损害等后果的;

(四)未完成有关法律法规规章、政策措施、目标责任书等规定的领导干部作为第一责任人(负总责)事项,造成公共资金、国有资产、国有资源损失浪费,生态环境破坏,公共利益损害等后果的;

(五)未经民主决策程序或者民主决策时在多数人不同意的情况下,直接决定、批准、组织实施重大经济事项,造成公共资金、国有资产、国有资源损失浪费,生态环境破坏,公共利益损害等后果的;

(六)不履行或者不正确履行职责,对造成的后果起决定性作用的其他行为。

第四十一条 领导干部对履行经济责任过程中的下列行为应当承担领导责任:

（一）民主决策时,在多数人同意的情况下,决定、批准、组织实施重大经济事项,由于决策不当或者决策失误造成公共资金、国有资产、国有资源损失浪费,生态环境破坏,公共利益损害等后果的;

（二）违反部门、单位内部管理规定造成公共资金、国有资产、国有资源损失浪费,生态环境破坏,公共利益损害等后果的;

（三）参与相关决策和工作时,没有发表明确的反对意见,相关决策和工作违反有关党内法规、法律法规、政策规定,或者造成公共资金、国有资产、国有资源损失浪费,生态环境破坏,公共利益损害等后果的;

（四）疏于监管,未及时发现和处理所管辖范围内本级或者下一级地区（部门、单位）违反有关党内法规、法律法规、政策规定的问题,造成公共资金、国有资产、国有资源损失浪费,生态环境破坏,公共利益损害等后果的;

（五）除直接责任外,不履行或者不正确履行职责,对造成的后果应当承担责任的其他行为。

第四十二条　对被审计领导干部以外的其他责任人员,审计委员会办公室、审计机关可以适当方式向有关部门、单位提供相关情况。

第四十三条　审计评价时,应当把领导干部在推进改革中因缺乏经验、先行先试出现的失误和错误,同明知故犯的违纪违法行为区分开来;把上级尚无明确限制的探索性试验中的失误和错误,同上级明令禁止后依然我行我素的违纪违法行为区分开来;把为推动发展的无意过失,同为谋取私利的违纪违法行为区分开来。对领导干部在改革创新中的失误和错误,正确把握事业为上、实事求是、依纪依法、容纠并举等原则,经综合分析研判,可以免责或者从轻定责,鼓励探索创新,支持担当作为,保护领导干部干事创业的积极性、主动性、创造性。

第六章　审计结果运用

第四十四条　各级党委和政府应当建立健全经济责任审计情况通报、责任追究、整改落实、结果公告等结果运用制度,将经济责任审计结果以及整改情况作为考核、任免、奖惩被审计领导干部的重要参考。

经济责任审计结果报告以及审计整改报告应当归入被审计领导干部本人档案。

第四十五条　审计委员会办公室、审计机关应当按照规定以适当方式通报或者公告经济责任审计结果,对审计发现问题的整改情况进行监督检查。

第四十六条　联席会议其他成员单位应当在各自职责范围内运用审计结果:

（一）根据干部管理权限,将审计结果以及整改情况作为考核、任免、奖惩被审计领导干部的重要参考;

（二）对审计发现的问题作出进一步处理;

（三）加强审计发现问题整改落实情况的监督检查;

（四）对审计发现的典型性、普遍性、倾向性问题和提出的审计建议及时进行研究,将其作为采取有关措施、完善有关制度规定的重要参考。

联席会议其他成员单位应当以适当方式及时将审计结果运用情况反馈审计委员会办公室、审计机关。党中央另有规定的,按照有关规定办理。

第四十七条　有关主管部门应当在各自职责范围内运用审计结果:

(一)根据干部管理权限,将审计结果以及整改情况作为考核、任免、奖惩被审计领导干部的重要参考;

(二)对审计移送事项依规依纪依法作出处理处罚;

(三)督促有关部门、单位落实审计决定和整改要求,在对相关行业、单位管理和监督中有效运用审计结果;

(四)对审计发现的典型性、普遍性、倾向性问题和提出的审计建议及时进行研究,并将其作为采取有关措施、完善有关制度规定的重要参考。

有关主管部门应当以适当方式及时将审计结果运用情况反馈审计委员会办公室、审计机关。

第四十八条　被审计领导干部及其所在单位根据审计结果,应当采取以下整改措施:

(一)对审计发现的问题,在规定期限内进行整改,将整改结果书面报告审计委员会办公室、审计机关,以及组织部门或者主管部门;

(二)对审计决定,在规定期限内执行完毕,将执行情况书面报告审计委员会办公室、审计机关;

(三)根据审计发现的问题,落实有关责任人员的责任,采取相应的处理措施;

(四)根据审计建议,采取措施,健全制度,加强管理;

(五)将审计结果以及整改情况纳入所在单位领导班子党风廉政建设责任制检查考核的内容,作为领导班子民主生活会以及领导班子成员述责述廉的重要内容。

第七章　附则

第四十九条　审计委员会办公室、审计机关和审计人员,被审计领导干部及其所在单位,以及其他有关单位和个人在经济责任审计中的职责、权限、法律责任等,本规定未作规定的,依照党中央有关规定、《中华人民共和国审计法》、《中华人民共和国审计法实施条例》和其他法律法规执行。

第五十条　有关部门、单位对内部管理领导干部开展经济责任审计参照本规定执行,或者根据本规定制定具体办法。

第五十一条　本规定由中央审计委员会办公室、审计署负责解释。

第五十二条　本规定自 2019 年 7 月 7 日起施行。2010 年 10 月 12 日中共中央办公厅、国务院办公厅印发的《党政主要领导干部和国有企业领导人员经济责任审计规定》同时废止。

■ **思考题**

1.领导干部经济责任审计的工作原则和纪律要求是什么?

2.领导干部经济责任审计相关政策法规主要有哪些?

3.当前党政主要领导干部经济责任审计主要直接依据的法规是什么?

参考文献

高雅青,李三喜.经济责任审计操作案例分析[M].北京:中国市场出版社,2020.

胡泽君.中国国家审计学[M].北京:中国时代经济出版社,2019.

李晓慧.高级审计理论与实务[M].北京:北京大学出版社,2021.

李雪.经济责任审计[M].上海:立信会计出版社,2020.

中央审计委员会办公室 审计署.《党政主要领导干部和国有企事业单位主要领导人员经济责任审计规定》释义[M].北京:中国时代经济出版社,2019.